UCRANIANO
VOCABULÁRIO

PORTUGUÊS BRASILEIRO

PORTUGUÊS
UCRANIANO

Para alargar o seu léxico e apurar
as suas competências linguísticas

5000 palavras

Vocabulário Português Brasileiro-Ucraniano - 5000 palavras
Por Andrey Taranov

Os vocabulários da T&P Books destinam-se a ajudar a aprender, a memorizar, e a rever palavras estrangeiras. O dicionário é dividido em temas, cobrindo todas as principais esferas de atividades quotidianas, negócios, ciência, cultura, etc.

O processo de aprendizagem, utilizando os dicionários baseados em temáticas da T&P Books dá-lhe as seguintes vantagens:

• Informação de origem corretamente agrupada predetermina o sucesso em fases subsequentes da memorização de palavras
• Disponibilização de palavras derivadas da mesma raiz, o que permite a memorização de unidades de texto (em vez de palavras separadas)
• Pequenas unidades de palavras facilitam o processo de estabelecimento de vínculos associativos necessários para a consolidação do vocabulário
• O nível de conhecimento da língua pode ser estimado pelo número de palavras aprendidas

T&P Books Publishing
www.tpbooks.com

Este livro também está disponível em formato E-book.
Por favor visite www.tpbooks.com ou as principais livrarias on-line.

VOCABULÁRIO UCRANIANO
palavras mais úteis

Os vocabulários da T&P Books destinam-se a ajudar a aprender, a memorizar, e a rever palavras estrangeiras. O vocabulário contém mais de 5000 palavras de uso comum organizadas tematicamente.

O vocabulário contém as palavras mais comummente usadas
Recomendado como adicional para qualquer curso de línguas
Satisfaz as necessidades dos iniciados e dos alunos avançados de línguas estrangeiras
Conveniente para o uso diário, sessões de revisão e atividades de auto-teste
Permite avaliar o seu vocabulário

Características especias do vocabulário

- As palavras estão organizadas de acordo com o seu significado, e não por ordem alfabética
- As palavras são apresentadas em três colunas para facilitar os processos de revisão e auto-teste
- As palavras compostas são divididas em pequenos blocos para facilitar o processo de aprendizagem
- O vocabulário oferece uma transcrição simples e adequada de cada palavra estrangeira

O vocabulário contém 155 tópicos incluindo:

Conceitos básicos, Números, Cores, Meses, Estações do ano, Unidades de medida, Roupas & Acessórios, Alimentos & Nutrição, Restaurante, Membros da Família, Parentes, Caráter, Sentimentos, Emoções, Doenças, Cidade, Passeios, Compras, Dinheiro, Casa, Lar, Escritório, Trabalho no Escritório, Importação & Exportação, Marketing, Pesquisa de Emprego, Esportes, Educação, Computador, Internet, Ferramentas, Natureza, Países, Nacionalidades e muito mais ...

TABELA DE CONTEÚDOS

GUIA DE PRONUNCIAÇãO   9
ABREVIATURAS   10

CONCEITOS BÁSICOS   11
Conceitos básicos. Parte 1   11

1. Pronomes   11
2. Cumprimentos. Saudações. Despedidas   11
3. Como se dirigir a alguém   12
4. Números cardinais. Parte 1   12
5. Números cardinais. Parte 2   13
6. Números ordinais   14
7. Números. Frações   14
8. Números. Operações básicas   14
9. Números. Diversos   14
10. Os verbos mais importantes. Parte 1   15
11. Os verbos mais importantes. Parte 2   16
12. Os verbos mais importantes. Parte 3   17
13. Os verbos mais importantes. Parte 4   18
14. Cores   18
15. Questões   19
16. Preposições   20
17. Palavras funcionais. Advérbios. Parte 1   20
18. Palavras funcionais. Advérbios. Parte 2   22

Conceitos básicos. Parte 2   24

19. Dias da semana   24
20. Horas. Dia e noite   24
21. Meses. Estações   25
22. Unidades de medida   27
23. Recipientes   28

O SER HUMANO   29
O ser humano. O corpo   29

24. Cabeça   29
25. Corpo humano   30

Vestuário & Acessórios   31

26. Roupa exterior. Casacos   31
27. Vestuário de homem & mulher   31

28. Vestuário. Roupa interior 32
29. Adereços de cabeça 32
30. Calçado 32
31. Acessórios pessoais 33
32. Vestuário. Diversos 33
33. Cuidados pessoais. Cosméticos 34
34. Relógios de pulso. Relógios 35

Alimentação. Nutrição 36

35. Comida 36
36. Bebidas 37
37. Vegetais 38
38. Frutos. Nozes 39
39. Pão. Bolaria 40
40. Pratos cozinhados 40
41. Especiarias 41
42. Refeições 42
43. Por a mesa 43
44. Restaurante 43

Família, parentes e amigos 44

45. Informação pessoal. Formulários 44
46. Membros da família. Parentes 44

Medicina 46

47. Doenças 46
48. Sintomas. Tratamentos. Parte 1 47
49. Sintomas. Tratamentos. Parte 2 48
50. Sintomas. Tratamentos. Parte 3 49
51. Médicos 50
52. Medicina. Drogas. Acessórios 50

HABITAT HUMANO 52
Cidade 52

53. Cidade. Vida na cidade 52
54. Instituições urbanas 53
55. Sinais 54
56. Transportes urbanos 55
57. Turismo 56
58. Compras 57
59. Dinheiro 58
60. Correios. Serviço postal 59

Moradia. Casa. Lar 60

61. Casa. Eletricidade 60

62.	Moradia. Mansão	60
63.	Apartamento	60
64.	Mobiliário. Interior	61
65.	Quarto de dormir	62
66.	Cozinha	62
67.	Casa de banho	63
68.	Eletrodomésticos	64

ATIVIDADES HUMANAS   65
Emprego. Negócios. Parte 1   65

69.	Escritório. O trabalho no escritório	65
70.	Processos negociais. Parte 1	66
71.	Processos negociais. Parte 2	67
72.	Produção. Trabalhos	68
73.	Contrato. Acordo	69
74.	Importação & Exportação	70
75.	Finanças	70
76.	Marketing	71
77.	Publicidade	72
78.	Banca	72
79.	Telefone. Conversação telefônica	73
80.	Telefone móvel	74
81.	Estacionário	74
82.	Tipos de negócios	75

Emprego. Negócios. Parte 2   77

83.	Espetáculo. Feira	77
84.	Ciência. Investigação. Cientistas	78

Profissões e ocupações   80

85.	Procura de emprego. Demissão	80
86.	Gente de negócios	80
87.	Profissões de serviços	81
88.	Profissões militares e postos	82
89.	Oficiais. Padres	83
90.	Profissões agrícolas	83
91.	Profissões artísticas	84
92.	Várias profissões	84
93.	Ocupações. Estatuto social	86

Educação   87

94.	Escola	87
95.	Colégio. Universidade	88
96.	Ciências. Disciplinas	89
97.	Sistema de escrita. Ortografia	89
98.	Línguas estrangeiras	90

Descanso. Entretenimento. Viagens 92

99. Viagens 92
100. Hotel 92

EQUIPAMENTO TÉCNICO. TRANSPORTES 94
Equipamento técnico 94

101. Computador 94
102. Internet. E-mail 95
103. Eletricidade 96
104. Ferramentas 96

Transportes 99

105. Avião 99
106. Comboio 100
107. Barco 101
108. Aeroporto 102

Eventos 104

109. Férias. Evento 104
110. Funerais. Enterro 105
111. Guerra. Soldados 105
112. Guerra. Ações militares. Parte 1 106
113. Guerra. Ações militares. Parte 2 108
114. Armas 109
115. Povos da antiguidade 111
116. Idade média 111
117. Líder. Chefe. Autoridades 113
118. Violação da lei. Criminosos. Parte 1 114
119. Violação da lei. Criminosos. Parte 2 115
120. Polícia. Lei. Parte 1 116
121. Polícia. Lei. Parte 2 117

NATUREZA 119
A Terra. Parte 1 119

122. Espaço sideral 119
123. A Terra 120
124. Pontos cardeais 121
125. Mar. Oceano 121
126. Nomes de Mares e Oceanos 122
127. Montanhas 123
128. Nomes de montanhas 124
129. Rios 124
130. Nomes de rios 125
131. Floresta 125
132. Recursos naturais 126

A Terra. Parte 2   128

133. Tempo   128
134. Tempo extremo. Catástrofes naturais   129

Fauna   130

135. Mamíferos. Predadores   130
136. Animais selvagens   130
137. Animais domésticos   131
138. Pássaros   132
139. Peixes. Animais marinhos   134
140. Anfíbios. Répteis   134
141. Insetos   135

Flora   136

142. Árvores   136
143. Arbustos   136
144. Frutos. Bagas   137
145. Flores. Plantas   138
146. Cereais, grãos   139

PAÍSES. NACIONALIDADES   140

147. Europa Ocidental   140
148. Europa Central e de Leste   140
149. Países da ex-URSS   141
150. Asia   141
151. América do Norte   142
152. América Central do Sul   142
153. Africa   143
154. Austrália. Oceania   143
155. Cidades   143

GUIA DE PRONUNCIAÇÃO

Letra	Exemplo Ucraniano	Alfabeto fonético T&P	Exemplo Português
A a	акт	[a]	chamar
E e	берет	[e], [ɛ]	mover
Є є	модельєр	[ɛ]	mesquita
И и	ритм	[k]	aquilo
I i	компанія	[i]	sinônimo
Ї ї	поїзд	[ji]	gaseificada
O o	око	[ɔ]	emboço
У у	буря	[u]	bonita
Ю ю	костюм	[ʲu]	nacional
Я я	маяк	[ja], [ʲa]	Himalaias

Consoantes

Б б	бездна	[b]	barril
В в	вікно	[w]	página web
Г г	готель	[ɦ]	agora
Ґ ґ	ґудзик	[g]	gosto
Д д	дефіс	[d]	dentista
Ж ж	жанр	[ʒ]	talvez
З з	зброя	[z]	sésamo
Й й	йти	[j]	Vietnã
К к	крок	[k]	aquilo
Л л	лев	[l]	libra
М м	мати	[m]	magnólia
Н н	назва	[n]	natureza
П п	приз	[p]	presente
Р р	радість	[r]	riscar
С с	сон	[s]	sanita
Т т	тир	[t]	tulipa
Ф ф	фарба	[f]	safári
Х х	холод	[h]	[h] aspirada
Ц ц	церква	[ts]	tsé-tsé
Ч ч	час	[tʃ]	Tchau!
Ш ш	шуба	[ʃ]	mês
Щ щ	щука	[ɕ]	shiatsu
ь	камінь	[ʲ]	sinal suave
ъ	ім'я	[ˈ]	sinal forte

ABREVIATURAS
usadas no vocabulário

Abreviaturas do Português

adj	-	adjetivo
adv	-	advérbio
anim.	-	animado
conj.	-	conjunção
desp.	-	esporte
etc.	-	Etcetera
ex.	-	por exemplo
f	-	nome feminino
f pl	-	feminino plural
fem.	-	feminino
inanim.	-	inanimado
m	-	nome masculino
m pl	-	masculino plural
m, f	-	masculino, feminino
masc.	-	masculino
mat.	-	matemática
mil.	-	militar
pl	-	plural
prep.	-	preposição
pron.	-	pronome
sb.	-	sobre
sing.	-	singular
v aux	-	verbo auxiliar
vi	-	verbo intransitivo
vi, vt	-	verbo intransitivo, transitivo
vr	-	verbo reflexivo
vt	-	verbo transitivo

Abreviaturas do Ucraniano

ж	-	nome feminino
мн	-	plural
с	-	neutro
ч	-	nome masculino

CONCEITOS BÁSICOS

Conceitos básicos. Parte 1

1. Pronomes

eu	я	[ja]
você	ти	[ti]
ele	він	[win]
ela	вона	[wo'na]
ele, ela (neutro)	воно	[wo'nɔ]
nós	ми	[mɨ]
vocês	ви	[wɨ]
eles, elas	вони	[wo'nɨ]

2. Cumprimentos. Saudações. Despedidas

Oi!	Здрастуй!	['zdrastuj]
Olá!	Здрастуйте!	['zdrastujtɛ]
Bom dia!	Доброго ранку!	['dɔbroɦo 'ranku]
Boa tarde!	Добрий день!	['dɔbrɨj dɛnʲ]
Boa noite!	Добрий вечір!	['dɔbrɨj 'wɛtʃir]
cumprimentar (vt)	вітатися	[wi'tatisʲa]
Oi!	Привіт!	[prɨ'wit]
saudação (f)	привітання (c)	[prɨwi'tanʲa]
saudar (vt)	вітати	[wi'tati]
Tudo bem?	Як справи?	[jak 'sprawɨ]
Como você está?	Як у вас справи?	[jak u was 'sprawɨ]
E aí, novidades?	Що нового?	[ɕo no'wɔɦo]
Tchau! Até logo!	До побачення!	[do po'batʃɛnʲa]
Até breve!	До скорої зустрічі!	[do 'skɔrojɨ 'zustritʃi!]
Adeus! (sing.)	Прощавай!	[proɕa'waj]
Adeus! (pl)	Прощавайте!	[proɕa'wajtɛ]
despedir-se (dizer adeus)	прощатися	[pro'ɕatisʲa]
Até mais!	Бувай!	[bu'waj]
Obrigado! -a!	Дякую!	['dʲakuʲu]
Muito obrigado! -a!	Щиро дякую!	['ɕiro 'dʲakuʲu]
De nada	Будь ласка	[budʲ 'laska]
Não tem de quê	Не варто подяки	[nɛ 'warto po'dʲaki]
Não foi nada!	Нема за що	[nɛ'ma za ɕo]
Desculpa!	Вибач!	['wɨbatʃ]
Desculpe!	Вибачте!	['wɨbatʃtɛ]

desculpar (vt)	вибачати	[wɪba'ʧati]
desculpar-se (vr)	вибачатися	[wɪba'ʧatisʲa]
Me desculpe	Мої вибачення	[moɪ 'wɪbaʧɛnʲa]
Desculpe!	Вибачте!	['wɪbaʧtɛ]
perdoar (vt)	вибачати	[wɪba'ʧati]
por favor	будь ласка	[budʲ 'laska]
Não se esqueça!	Не забудьте!	[nɛ za'budʲtɛ]
Com certeza!	Звичайно!	[zwɪ'ʧajno]
Claro que não!	Звичайно ні!	[zwɪ'ʧajno ni]
Está bem! De acordo!	Згоден!	['zɦodɛn]
Chega!	Досить!	['dɔsitʲ]

3. Como se dirigir a alguém

senhor	Пан	[pan]
senhora	Пані	['pani]
senhorita	Дівчино	['diwʧino]
jovem	Хлопче	['hlɔpʧɛ]
menino	Хлопчику	['hlɔpʧiku]
menina	Дівчинко	['diwʧinko]

4. Números cardinais. Parte 1

zero	нуль	[nulʲ]
um	один	[o'din]
dois	два	[dwa]
três	три	[tri]
quatro	чотири	[ʧo'tiri]
cinco	п'ять	[pʲʲatʲ]
seis	шість	[ʃistʲ]
sete	сім	[sim]
oito	вісім	['wisim]
nove	дев'ять	['dɛwʲʲatʲ]
dez	десять	['dɛsʲatʲ]
onze	одинадцять	[odi'nadtsʲatʲ]
doze	дванадцять	[dwa'nadtsʲatʲ]
treze	тринадцять	[tri'nadtsʲatʲ]
catorze	чотирнадцять	[ʧotir'nadtsʲatʲ]
quinze	п'ятнадцять	[pʲʲat'nadtsʲatʲ]
dezesseis	шістнадцять	[ʃist'nadtsʲatʲ]
dezessete	сімнадцять	[sim'nadtsʲatʲ]
dezoito	вісімнадцять	[wisim'nadtsʲatʲ]
dezenove	дев'ятнадцять	[dɛwʲʲat'nadtsʲatʲ]
vinte	двадцять	['dwadtsʲatʲ]
vinte e um	двадцять один	['dwadtsʲatʲ o'din]
vinte e dois	двадцять два	['dwadtsʲatʲ dwa]
vinte e três	двадцять три	['dwadtsʲatʲ tri]

trinta	тридцять	['tridtsʲatʲ]
trinta e um	тридцять один	['tridtsʲatʲ o'din]
trinta e dois	тридцять два	['tridtsʲatʲ dwa]
trinta e três	тридцять три	['tridtsʲatʲ tri]

quarenta	сорок	['sɔrok]
quarenta e um	сорок один	['sɔrok o'din]
quarenta e dois	сорок два	['sɔrok dwa]
quarenta e três	сорок три	['sɔrok tri]

cinquenta	п'ятдесят	[pʲʲatdɛ'sʲat]
cinquenta e um	п'ятдесят один	[pʲʲatdɛ'sʲat o'din]
cinquenta e dois	п'ятдесят два	[pʲʲatdɛ'sʲat dwa]
cinquenta e três	п'ятдесят три	[pʲʲatdɛ'sʲat tri]

sessenta	шістдесят	[ʃizdɛ'sʲat]
sessenta e um	шістдесят один	[ʃizdɛ'sʲat o'din]
sessenta e dois	шістдесят два	[ʃizdɛ'sʲat dwa]
sessenta e três	шістдесят три	[ʃizdɛ'sʲat tri]

setenta	сімдесят	[simdɛ'sʲat]
setenta e um	сімдесят один	[simdɛ'sʲat odin]
setenta e dois	сімдесят два	[simdɛ'sʲat dwa]
setenta e três	сімдесят три	[simdɛ'sʲat tri]

oitenta	вісімдесят	[wisimdɛ'sʲat]
oitenta e um	вісімдесят один	[wisimdɛ'sʲat o'din]
oitenta e dois	вісімдесят два	[wisimdɛ'sʲat dwa]
oitenta e três	вісімдесят три	[wisimdɛ'sʲat tri]

noventa	дев'яносто	[dɛwʲʲa'nɔsto]
noventa e um	дев'яносто один	[dɛwʲʲa'nɔsto o'din]
noventa e dois	дев'яносто два	[dɛwʲʲa'nɔsto dwa]
noventa e três	дев'яносто три	[dɛwʲʲa'nɔsto tri]

5. Números cardinais. Parte 2

cem	сто	[sto]
duzentos	двісті	['dwisti]
trezentos	триста	['trista]
quatrocentos	чотириста	[tʃo'tirista]
quinhentos	п'ятсот	[pʲʲa'tsɔt]
seiscentos	шістсот	[ʃist'sɔt]
setecentos	сімсот	[sim'sɔt]
oitocentos	вісімсот	[wisim'sɔt]
novecentos	дев'ятсот	[dɛwʲʲa'tsɔt]

mil	тисяча	['tisʲatʃa]
dois mil	дві тисячі	[dwi 'tisʲatʃi]
três mil	три тисячі	[tri 'tisʲatʃi]
dez mil	десять тисяч	['dɛsʲatʲ 'tisʲatʃ]
cem mil	сто тисяч	[sto 'tisʲatʃ]
um milhão	мільйон (ч)	[milʲʲjon]
um bilhão	мільярд (ч)	[mi'ljard]

6. Números ordinais

primeiro (adj)	перший	['pɛrʃij]
segundo (adj)	другий	['druɦij]
terceiro (adj)	третій	['trɛtij]
quarto (adj)	четвертий	[ʧɛt'wɛrtij]
quinto (adj)	п'ятий	['pʲatij]
sexto (adj)	шостий	['ʃostij]
sétimo (adj)	сьомий	['sʲomij]
oitavo (adj)	восьмий	['wosʲmij]
nono (adj)	дев'ятий	[dɛ'wʲatij]
décimo (adj)	десятий	[dɛ'sʲatij]

7. Números. Frações

fração (f)	дріб (ч)	[drib]
um meio	одна друга	[od'na 'druɦa]
um terço	одна третя	[od'na 'trɛtʲa]
um quarto	одна четверта	[od'na ʧɛt'wɛrta]
um oitavo	одна восьма	[od'na 'wosʲma]
um décimo	одна десята	[od'na dɛ'sʲata]
dois terços	дві третіх	[dwi 'trɛtih]
três quartos	три четвертих	[tri ʧɛt'wɛrtih]

8. Números. Operações básicas

subtração (f)	віднімання (с)	[widni'manʲa]
subtrair (vi, vt)	віднімати	[widni'mati]
divisão (f)	ділення (с)	['dilɛnʲa]
dividir (vt)	ділити	[di'liti]
adição (f)	додавання (с)	[doda'wanʲa]
somar (vt)	додати	[do'dati]
adicionar (vt)	прибавляти	[pribaw'lʲati]
multiplicação (f)	множення (с)	['mnoʒɛnʲa]
multiplicar (vt)	множити	['mnoʒiti]

9. Números. Diversos

algarismo, dígito (m)	цифра (ж)	['ʦifra]
número (m)	число (с)	[ʧis'lɔ]
numeral (m)	числівник (ч)	[ʧis'liwnik]
menos (m)	мінус (ч)	['minus]
mais (m)	плюс (ч)	[plʲus]
fórmula (f)	формула (ж)	['formula]
cálculo (m)	обчислення (с)	[ob'ʧislɛnʲa]
contar (vt)	рахувати	[rahu'wati]

calcular (vt)	підраховувати	[pidra'hɔwuwati]
comparar (vt)	порівнювати	[po'riwnʲuwati]
Quanto, -os, -as?	Скільки?	['skilʲki]
soma (f)	сума (ж)	['suma]
resultado (m)	результат (ч)	[rɛzulʲ'tat]
resto (m)	залишок (ч)	['zaliʃok]
alguns, algumas ...	декілька	['dɛkilʲka]
pouco (~ tempo)	небагато...	[nɛba'ɦato]
resto (m)	решта (ж)	['rɛʃta]
um e meio	півтора	[piwto'ra]
dúzia (f)	дюжина (ж)	['dʲuʒɨna]
ao meio	навпіл	['nawpil]
em partes iguais	порівну	['pɔriwnu]
metade (f)	половина (ж)	[polo'wina]
vez (f)	раз (ч)	[raz]

10. Os verbos mais importantes. Parte 1

abrir (vt)	відчинити	[widtʃi'niti]
acabar, terminar (vt)	закінчувати	[za'kintʃuwati]
aconselhar (vt)	радити	['raditi]
adivinhar (vt)	вгадати	[wɦa'dati]
advertir (vt)	попереджувати	[popɛ'rɛdʒuwati]
ajudar (vt)	допомагати	[dopoma'ɦati]
almoçar (vi)	обідати	[o'bidati]
alugar (~ um apartamento)	зняти	['znʲati]
amar (pessoa)	кохати	[ko'hati]
ameaçar (vt)	погрожувати	[poɦ'rɔʒuwati]
anotar (escrever)	записувати	[za'pisuwati]
apressar-se (vr)	поспішати	[pospi'ʃati]
arrepender-se (vr)	жалкувати	[ʒalku'wati]
assinar (vt)	підписувати	[pid'pisuwati]
brincar (vi)	жартувати	[ʒartu'wati]
brincar, jogar (vi, vt)	грати	['ɦrati]
buscar (vt)	шукати	[ʃu'kati]
caçar (vi)	полювати	[polʲu'wati]
cair (vi)	падати	['padati]
cavar (vt)	рити	['riti]
chamar (~ por socorro)	кликати	['klikati]
chegar (vi)	приїжджати	[prijiz'zati]
chorar (vi)	плакати	['plakati]
começar (vt)	починати	[potʃi'nati]
comparar (vt)	порівнювати	[po'riwnʲuwati]
concordar (dizer "sim")	погоджуватися	[po'ɦodʒuwatisʲa]
confiar (vt)	довіряти	[dowi'rʲati]
confundir (equivocar-se)	плутати	['plutati]

conhecer (vt)	знати	['znati]
contar (fazer contas)	лічити	[li'tʃiti]
contar com ...	розраховувати на...	[rozra'howuwatɨ na]
continuar (vt)	продовжувати	[pro'dowʒuwati]
controlar (vt)	контролювати	[kontrolʲu'wati]
convidar (vt)	запрошувати	[za'proʃuwati]
correr (vi)	бігти	['biɦti]
criar (vt)	створити	[stwo'riti]
custar (vt)	коштувати	['koʃtuwati]

11. Os verbos mais importantes. Parte 2

dar (vt)	давати	[da'wati]
dar uma dica	підказати	[pidka'zati]
decorar (enfeitar)	прикрашати	[prikra'ʃati]
defender (vt)	захищати	[zahɨ'cati]
deixar cair (vt)	упускати	[upus'kati]
descer (para baixo)	спускатися	[spus'katisʲa]
desculpar (vt)	вибачати	[wɨba'tʃati]
desculpar-se (vr)	вибачатися	[wɨba'tʃatisʲa]
dirigir (~ uma empresa)	керувати	[kɛru'wati]
discutir (notícias, etc.)	обговорювати	[obɦo'worʲuwati]
disparar, atirar (vi)	стріляти	[stri'lʲati]
dizer (vt)	сказати	[ska'zati]
duvidar (vt)	сумніватися	[sumni'watisʲa]
encontrar (achar)	знаходити	[zna'ɦoditi]
enganar (vt)	обманювати	[ob'manʲuwati]
entender (vt)	розуміти	[rozu'miti]
entrar (na sala, etc.)	входити	['wɦoditi]
enviar (uma carta)	відправляти	[wldpraw'lʲatɨ]
errar (enganar-se)	помилятися	[pomi'lʲatisʲa]
escolher (vt)	вибирати	[wɨbiʲ'rati]
esconder (vt)	ховати	[ho'wati]
escrever (vt)	писати	[pi'sati]
esperar (aguardar)	чекати	[tʃɛ'kati]
esperar (ter esperança)	сподіватися	[spodi'watisʲa]
esquecer (vt)	забувати	[zabu'wati]
estudar (vt)	вивчати	[wiw'tʃati]
exigir (vt)	вимагати	[wima'ɦati]
existir (vi)	існувати	[isnu'wati]
explicar (vt)	пояснювати	[poʲ'asnʲuwati]
falar (vi)	говорити	[ɦowo'riti]
faltar (a la escuela, etc.)	пропускати	[propus'kati]
fazer (vt)	робити	[ro'biti]
ficar em silêncio	мовчати	[mow'tʃati]
gabar-se (vr)	хвалитися	[hwa'litisʲa]
gostar (apreciar)	подобатися	[po'dobatisʲa]

gritar (vi)	кричати	[kri'ʧati]
guardar (fotos, etc.)	зберігати	[zbɛri'ɦati]
informar (vt)	інформувати	[informu'wati]
insistir (vi)	наполягати	[napolʲa'ɦati]
insultar (vt)	ображати	[obra'ʒati]
interessar-se (vr)	цікавитися	[ʦi'kawitisʲa]
ir (a pé)	йти	[jti]
ir nadar	купатися	[ku'patisʲa]
jantar (vi)	вечеряти	[wɛ'ʧɛrʲati]

12. Os verbos mais importantes. Parte 3

ler (vt)	читати	[ʧi'tati]
libertar, liberar (vt)	звільняти	[zwilʲ'nʲati]
matar (vt)	убивати	[ubɨ'wati]
mencionar (vt)	згадувати	['zɦaduwati]
mostrar (vt)	показувати	[po'kazuwati]
mudar (modificar)	змінювати	['zminʲuwati]
nadar (vi)	плавати	['plawati]
negar-se a ... (vr)	відмовлятися	[widmow'lʲatisʲa]
objetar (vt)	заперечувати	[zapɛ'rɛʧuwati]
observar (vt)	спостерігати	[spostɛri'ɦati]
ordenar (mil.)	наказувати	[na'kazuwati]
ouvir (vt)	чути	['ʧuti]
pagar (vt)	платити	[pla'titi]
parar (vi)	зупинятися	[zupi'nʲatisʲa]
parar, cessar (vt)	припиняти	[pripi'nʲati]
participar (vi)	брати участь	['bratɨ 'uʧastʲ]
pedir (comida, etc.)	замовляти	[zamow'lʲati]
pedir (um favor, etc.)	просити	[pro'siti]
pegar (tomar)	брати	['brati]
pegar (uma bola)	ловити	[lo'witi]
pensar (vi, vt)	думати	['dumati]
perceber (ver)	помічати	[pomi'ʧati]
perdoar (vt)	прощати	[pro'çati]
perguntar (vt)	запитувати	[za'pituwati]
permitir (vt)	дозволяти	[dozwo'lʲati]
pertencer a ... (vi)	належати	[na'lɛʒati]
planejar (vt)	планувати	[planu'wati]
poder (~ fazer algo)	могти	[moɦ'ti]
possuir (uma casa, etc.)	володіти	[wolo'diti]
preferir (vt)	воліти	[wo'liti]
preparar (vt)	готувати	[ɦotu'wati]
prever (vt)	передбачити	[pɛrɛd'baʧiti]
prometer (vt)	обіцяти	[obi'ʦʲati]
pronunciar (vt)	вимовляти	[wimow'lʲati]
propor (vt)	пропонувати	[proponu'wati]

punir (castigar)	покарати	[poka'rati]
quebrar (vt)	ламати	[la'mati]
queixar-se de ...	скаржитися	['skarʒitisʲa]
querer (desejar)	хотіти	[ho'titi]

13. Os verbos mais importantes. Parte 4

ralhar, repreender (vt)	лаяти	['laʲati]
recomendar (vt)	рекомендувати	[rɛkomɛndu'wati]
repetir (dizer outra vez)	повторювати	[pow'torʲuwati]
reservar (~ um quarto)	резервувати	[rɛzɛrwu'wati]
responder (vt)	відповідати	[widpowi'dati]
rezar, orar (vi)	молитися	[mo'litisʲa]
rir (vi)	сміятися	[smiʲ'atisʲa]
roubar (vt)	красти	['krasti]
saber (vt)	знати	['znati]
sair (~ de casa)	виходити	[wiʲ'hɔditi]
salvar (resgatar)	рятувати	[rʲatu'wati]
seguir (~ alguém)	іти слідом	[i'ti 'slidom]
sentar-se (vr)	сідати	[si'dati]
ser necessário	бути потрібним	['buti po'tribnim]
ser, estar	бути	['buti]
significar (vt)	означати	[ozna'tʃati]
sorrir (vi)	посміхатися	[posmi'hatisʲa]
subestimar (vt)	недооцінювати	[nɛdoo'tsinʲuwati]
surpreender-se (vr)	дивуватись	[diwu'watisʲ]
tentar (~ fazer)	пробувати	['prɔbuwati]
ter (vt)	мати	['mati]
ter fome	хотіти їсти	[ho'titi 'jisti]
ter medo	боятися	[boʲ'atisʲa]
ter sede	хотіти пити	[ho'titi 'piti]
tocar (com as mãos)	торкати	[tor'kati]
tomar café da manhã	снідати	['snidati]
trabalhar (vi)	працювати	[pratsʲu'wati]
traduzir (vt)	перекладати	[pɛrɛkla'dati]
unir (vt)	об'єднувати	[o'bʼɛdnuwati]
vender (vt)	продавати	[proda'wati]
ver (vt)	бачити	['batʃiti]
virar (~ para a direita)	повертати	[powɛr'tati]
voar (vi)	летіти	[lɛ'titi]

14. Cores

cor (f)	колір (ч)	['kɔlir]
tom (m)	відтінок (ч)	[wid'tinok]
tonalidade (m)	тон (ч)	[ton]

arco-íris (m)	веселка (ж)	[wɛ'sɛlka]
branco (adj)	білий	['bilij]
preto (adj)	чорний	['ʧɔrnij]
cinza (adj)	сірий	['sirij]

verde (adj)	зелений	[zɛ'lɛnij]
amarelo (adj)	жовтий	['ʒowtij]
vermelho (adj)	червоний	[ʧɛr'wɔnij]

azul (adj)	синій	['sinij]
azul claro (adj)	блакитний	[bla'kitnij]
rosa (adj)	рожевий	[ro'ʒɛwij]
laranja (adj)	помаранчевий	[poma'ranʧɛwij]
violeta (adj)	фіолетовий	[fio'lɛtowij]
marrom (adj)	коричневий	[ko'riʧnɛwij]

dourado (adj)	золотий	[zolo'tij]
prateado (adj)	сріблястий	[srib'lʲastij]

bege (adj)	бежевий	['bɛʒɛwij]
creme (adj)	кремовий	['krɛmowij]
turquesa (adj)	бірюзовий	[birʲu'zowij]
vermelho cereja (adj)	вишневий	[wiʃ'nɛwij]
lilás (adj)	бузковий	[buz'kɔwij]
carmim (adj)	малиновий	[ma'linowij]

claro (adj)	світлий	['switlij]
escuro (adj)	темний	['tɛmnij]
vivo (adj)	яскравий	[jas'krawij]

de cor	кольоровий	[kolʲo'rowij]
a cores	кольоровий	[kolʲo'rowij]
preto e branco (adj)	чорно-білий	['ʧɔrno 'bilij]
unicolor (de uma só cor)	однобарвний	[odno'barwnij]
multicolor (adj)	різнобарвний	[rizno'barwnij]

15. Questões

Quem?	Хто?	[hto]
O que?	Що?	[ɕo]
Onde?	Де?	[dɛ]
Para onde?	Куди?	[ku'di]
De onde?	Звідки?	['zwidki]
Quando?	Коли?	[ko'li]
Para quê?	Навіщо?	[na'wiɕo]
Por quê?	Чому?	[ʧo'mu]

Para quê?	Для чого?	[dlʲa 'ʧoho]
Como?	Як?	[jak]
Qual (~ é o problema?)	Який?	[ja'kij]
Qual (~ deles?)	Котрий?	[kot'rij]

A quem?	Кому?	[ko'mu]
De quem?	Про кого?	[pro 'koho]

Do quê?	Про що?	[pro ço]
Com quem?	З ким?	[z kɨm]

Quanto, -os, -as?	Скільки?	['skilʲkɨ]
De quem? (masc.)	Чий?	[ʧɨj]
De quem? (fem.)	Чия?	[ʧɨʲa]
De quem são …?	Чиї?	['ʧɨjɨ]

16. Preposições

com (prep.)	з	[z]
sem (prep.)	без	[bɛz]
a, para (exprime lugar)	в	[w]
sobre (ex. falar ~)	про	[pro]
antes de …	перед	['pɛrɛd]
em frente de …	перед	['pɛrɛd]

debaixo de …	під	[pid]
sobre (em cima de)	над	[nad]
em …, sobre …	на	[na]
de, do (sou ~ Rio de Janeiro)	з	[z]
de (feito ~ pedra)	з	[z]

em (~ 3 dias)	за	[za]
por cima de …	через	['ʧɛrɛz]

17. Palavras funcionais. Advérbios. Parte 1

Onde?	Де?	[dɛ]
aqui	тут	[tut]
lá, ali	там	[tam]

em algum lugar	десь	[dɛsʲ]
em lugar nenhum	ніде	[ni'dɛ]

perto de …	біля	['bilʲa]
perto da janela	біля вікна	['bilʲa wik'na]

Para onde?	Куди?	[ku'dɨ]
aqui	сюди	[sʲu'dɨ]
para lá	туди	[tu'dɨ]
daqui	звідси	['zwidsɨ]
de lá, dali	звідти	['zwidtɨ]

perto	близько	['blɨzʲko]
longe	далеко	[da'lɛko]

perto de …	біля	['bilʲa]
à mão, perto	поряд	['porʲad]
não fica longe	недалеко	[nɛda'lɛko]
esquerdo (adj)	лівий	['liwɨj]
à esquerda	зліва	['zliwa]

para a esquerda	ліворуч	[li'wɔrutʃ]
direito (adj)	правий	['prawij]
à direita	справа	['sprawa]
para a direita	праворуч	[pra'wɔrutʃ]

em frente	спереду	['spɛrɛdu]
da frente	передній	[pɛ'rɛdnij]
adiante (para a frente)	уперед	[upɛ'rɛd]

atrás de ...	позаду	[po'zadu]
de trás	ззаду	['zzadu]
para trás	назад	[na'zad]

meio (m), metade (f)	середина (ж)	[sɛ'rɛdɨna]
no meio	посередині	[posɛ'rɛdɨni]

do lado	збоку	['zbɔku]
em todo lugar	скрізь	[skrizʲ]
por todos os lados	навколо	[naw'kɔlo]

de dentro	зсередини	[zsɛ'rɛdɨni]
para algum lugar	кудись	[ku'dɨsʲ]
diretamente	прямо	['prʲamo]
de volta	назад	[na'zad]

de algum lugar	звідки-небудь	['zwidkɨ 'nɛbudʲ]
de algum lugar	звідкись	['zwidkɨsʲ]

em primeiro lugar	по-перше	[po 'pɛrʃɛ]
em segundo lugar	по-друге	[po 'druɦɛ]
em terceiro lugar	по-третє	[po 'trɛtɛ]

de repente	раптом	['raptom]
no início	спочатку	[spo'tʃatku]
pela primeira vez	уперше	[u'pɛrʃɛ]
muito antes de ...	задовго до...	[za'dɔwɦo do]
de novo	заново	['zanowo]
para sempre	назовсім	[na'zɔwsim]

nunca	ніколи	[ni'kɔlɨ]
de novo	знову	['znɔwu]
agora	тепер	[tɛ'pɛr]
frequentemente	часто	['tʃasto]
então	тоді	[to'di]
urgentemente	терміново	[tɛrmi'nɔwo]
normalmente	звичайно	[zwɨ'tʃajno]

a propósito, ...	до речі,...	[do 'rɛtʃi]
é possível	можливо	[mɔʒ'lɨwo]
provavelmente	мабуть	[ma'butʲ]
talvez	може бути	['mɔʒɛ 'butɨ]
além disso, ...	крім того,...	[krim 'tɔɦo]
por isso ...	тому	['tomu]
apesar de ...	незважаючи на...	[nɛzwa'ʒaʲutʃɨ na]
graças a ...	завдяки...	[zawdʲa'kɨ]
que (pron.)	що	[ɕo]

que (conj.)	що	[ɕo]
algo	щось	[ɕosʲ]
alguma coisa	що-небудь	[ɕo 'nɛbudʲ]
nada	нічого	[ni'tʃɔho]

quem	хто	[hto]
alguém (~ que …)	хтось	[htosʲ]
alguém (com ~)	хто-небудь	[hto 'nɛbudʲ]

ninguém	ніхто	[nih'tɔ]
para lugar nenhum	нікуди	['nikudi]
de ninguém	нічий	[ni'tʃij]
de alguém	чий-небудь	[tʃij 'nɛbudʲ]

tão	так	[tak]
também (gostaria ~ de …)	також	[ta'kɔʒ]
também (~ eu)	теж	[tɛʒ]

18. Palavras funcionais. Advérbios. Parte 2

Por quê?	Чому?	[tʃo'mu]
por alguma razão	чомусь	[tʃo'musʲ]
porque …	тому, що…	['tomu, ɕo …]
por qualquer razão	навіщось	[na'wiɕosʲ]

e (tu ~ eu)	і	[i]
ou (ser ~ não ser)	або	[a'bɔ]
mas (porém)	але	[a'lɛ]
para (~ a minha mãe)	для	[dlʲa]

muito, demais	занадто	[za'nadto]
só, somente	тільки	['tilʲki]
exatamente	точно	['totʃno]
cerca de (~ 10 kg)	близько	['blizʲko]

aproximadamente	приблизно	[prib'lizno]
aproximado (adj)	приблизний	[prib'liznij]
quase	майже	['majʒɛ]
resto (m)	решта (ж)	['rɛʃta]

o outro (segundo)	інший	['inʃij]
outro (adj)	інший	['inʃij]
cada (adj)	кожен	['kɔʒɛn]
qualquer (adj)	будь-який	[budʲ ja'kij]
muitos, muitas	багато	[ba'ɦato]
muito	багато	[ba'ɦato]
muito, muitos, muitas	багато	[ba'ɦato]
muitas pessoas	багато хто	[ba'ɦato hto]
todos	всі	[wsi]

em troca de …	в обмін на…	[w 'ɔbmin na]
em troca	натомість	[na'tɔmistʲ]
à mão	вручну	[wrutʃ'nu]
pouco provável	навряд чи	[naw'rʲad tʃi]

provavelmente	мабуть	[ma'butʲ]
de propósito	навмисно	[naw'misno]
por acidente	випадково	[wipad'kɔwo]

muito	дуже	['duʒɛ]
por exemplo	наприклад	[na'priklad]
entre	між	[miʒ]
entre (no meio de)	серед	['sɛrɛd]
tanto	стільки	['stilʲki]
especialmente	особливо	[osob'liwo]

Conceitos básicos. Parte 2

19. Dias da semana

segunda-feira (f)	понеділок (ч)	[ponɛ'dilok]
terça-feira (f)	вівторок (ч)	[wiw'tɔrok]
quarta-feira (f)	середа (ж)	[sɛrɛ'da]
quinta-feira (f)	четвер (ч)	[ʧɛt'wɛr]
sexta-feira (f)	п'ятниця (ж)	['pʲatnitsʲa]
sábado (m)	субота (ж)	[su'bota]
domingo (m)	неділя (ж)	[nɛ'dilʲa]

hoje	сьогодні	[sʲo'ɦɔdni]
amanhã	завтра	['zawtra]
depois de amanhã	післязавтра	[pislʲa'zawtra]
ontem	вчора	['wʧɔra]
anteontem	позавчора	[pozaw'ʧɔra]

dia (m)	день (ч)	[dɛnʲ]
dia (m) de trabalho	робочий день (ч)	[ro'bɔʧij dɛnʲ]
feriado (m)	святковий день (ч)	[swʲat'kɔwij dɛnʲ]
dia (m) de folga	вихідний день (ч)	[wihid'nij dɛnʲ]
fim (m) de semana	вихідні (мн)	[wihid'ni]

o dia todo	весь день	[wɛsʲ dɛnʲ]
no dia seguinte	на наступний день	[na na'stupnij dɛnʲ]
há dois dias	2 дні тому	[dwa dni 'tɔmu]
na véspera	напередодні	[napɛrɛ'dɔdni]
diário (adj)	щоденний	[ɕo'dɛnij]
todos os dias	щодня	[ɕod'nʲa]

semana (f)	тиждень (ч)	['tiʒdɛnʲ]
na semana passada	на минулому тижні	[na mi'nulomu 'tiʒni]
semana que vem	на наступному тижні	[na na'stupnomu 'tiʒni]
semanal (adj)	щотижневий	[ɕotiʒ'nɛwij]
toda semana	щотижня	[ɕo'tiʒnʲa]
duas vezes por semana	два рази на тиждень	[dwa 'razi na 'tiʒdɛnʲ]
toda terça-feira	кожен вівторок	['kɔʒɛn wiw'tɔrok]

20. Horas. Dia e noite

manhã (f)	ранок (ч)	['ranok]
de manhã	вранці	['wrantsi]
meio-dia (m)	полудень (ч)	['pɔludɛnʲ]
à tarde	після обіду	['pislʲa o'bidu]

tardinha (f)	вечір (ч)	['wɛʧir]
à tardinha	увечері	[u'wɛʧɛri]

noite (f)	ніч (ж)	[niʧ]
à noite	уночі	[uno'ʧi]
meia-noite (f)	північ (ж)	['piwniʧ]

segundo (m)	секунда (ж)	[sɛ'kunda]
minuto (m)	хвилина (ж)	[hwi'lina]
hora (f)	година (ж)	[ɦo'dina]
meia hora (f)	півгодини (мн)	[piwɦo'dini]
quarto (m) de hora	чверть (ж) години	[ʧwɛrtʲ ɦo'dini]
quinze minutos	15 хвилин	[pʲat'nadtsʲatʲ hwi'lin]
vinte e quatro horas	доба (ж)	[do'ba]

nascer (m) do sol	схід (ч) сонця	[shid 'sɔntsʲa]
amanhecer (m)	світанок (ч)	[swi'tanok]
madrugada (f)	ранній ранок (ч)	['ranij 'ranok]
pôr-do-sol (m)	захід (ч)	['zahid]

de madrugada	рано вранці	['rano 'wrantsi]
esta manhã	сьогодні вранці	[sʲo'ɦodni 'wrantsi]
amanhã de manhã	завтра вранці	['zawtra 'wrantsi]

esta tarde	сьогодні вдень	[sʲo'ɦodni wdɛnʲ]
à tarde	після обіду	['pislʲa o'bidu]
amanhã à tarde	завтра після обіду	['zawtra 'pislʲa o'bidu]

| esta noite, hoje à noite | сьогодні увечері | [sʲo'ɦodni u'wɛʧɛri] |
| amanhã à noite | завтра увечері | ['zawtra u'wɛʧɛri] |

às três horas em ponto	рівно о третій годині	['riwno o t'rɛtij ɦo'dini]
por volta das quatro	біля четвертої години	['bilʲa ʧɛt'wɛrtoji ɦo'dini]
às doze	до дванадцятої години	[do dwa'nadtsʲatoji ɦo'dini]

em vinte minutos	за двадцять хвилин	[za 'dwadtsʲatʲ hwi'lin]
em uma hora	за годину	[za ɦo'dinu]
a tempo	вчасно	['wʧasno]

… um quarto para	без чверті	[bɛz 'ʧwɛrti]
dentro de uma hora	протягом години	['protʲaɦom ɦo'dini]
a cada quinze minutos	кожні п'ятнадцять хвилин	['kɔʒni pʲat'nadtsʲatʲ hwi'lin]
as vinte e quatro horas	цілодобово	[tsilodo'bowo]

21. Meses. Estações

janeiro (m)	січень (ч)	['siʧɛnʲ]
fevereiro (m)	лютий (ч)	['lʲutij]
março (m)	березень (ч)	['bɛrɛzɛnʲ]
abril (m)	квітень (ч)	['kwitɛnʲ]
maio (m)	травень (ч)	['trawɛnʲ]
junho (m)	червень (ч)	['ʧɛrwɛnʲ]

julho (m)	липень (ч)	['lipɛnʲ]
agosto (m)	серпень (ч)	['sɛrpɛnʲ]
setembro (m)	вересень (ч)	['wɛrɛsɛnʲ]
outubro (m)	жовтень (ч)	['ʒowtɛnʲ]

novembro (m)	листопад (ч)	[lɨsto'pad]
dezembro (m)	грудень (ч)	['ɦrudɛnʲ]
primavera (f)	весна (ж)	[wɛs'na]
na primavera	навесні	[nawɛs'ni]
primaveril (adj)	весняний	[wɛs'nʲanij]
verão (m)	літо (с)	['lito]
no verão	влітку	['wlitku]
de verão	літній	['litnij]
outono (m)	осінь (ж)	['ɔsinʲ]
no outono	восени	[wosɛ'ni]
outonal (adj)	осінній	[o'sinij]
inverno (m)	зима (ж)	[zɨ'ma]
no inverno	взимку	['wzɨmku]
de inverno	зимовий	[zɨ'mɔwɨj]
mês (m)	місяць (ч)	['misʲats]
este mês	в цьому місяці	[w tsʲomu 'misʲatsi]
mês que vem	в наступному місяці	[w na'stupnomu 'misʲatsi]
no mês passado	в минулому місяці	[w mɨ'nulomu 'misʲatsi]
um mês atrás	місяць тому	['misʲats 'tomu]
em um mês	через місяць	['tʃɛrɛz 'misʲats]
em dois meses	через 2 місяці	['tʃɛrɛz dwa 'misʲatsi]
todo o mês	весь місяць	[wɛsʲ 'misʲats]
um mês inteiro	цілий місяць	['tsilɨj 'misʲats]
mensal (adj)	щомісячний	[ɕo'misʲatʃnɨj]
mensalmente	щомісяця	[ɕo'misʲatsʲa]
todo mês	кожний місяць	['kɔʒnɨj 'misʲats]
duas vezes por mês	два рази на місяць	[dwa 'razɨ na 'misʲats]
ano (m)	рік (ч)	[rik]
este ano	в цьому році	[w tsʲomu 'rɔtsi]
ano que vem	в наступному році	[w na'stupnomu 'rɔtsi]
no ano passado	в минулому році	[w mɨ'nulomu 'rɔtsi]
há um ano	рік тому	[rik 'tomu]
em um ano	через рік	['tʃɛrɛz rik]
dentro de dois anos	через два роки	['tʃɛrɛz dwa 'rɔki]
todo o ano	увесь рік	[u'wɛsʲ rik]
um ano inteiro	цілий рік	['tsilɨj rik]
cada ano	кожен рік	['kɔʒɛn 'rik]
anual (adj)	щорічний	[ɕo'ritʃnɨj]
anualmente	щороку	[ɕo'roku]
quatro vezes por ano	чотири рази на рік	[tʃo'tɨri 'razɨ na rik]
data (~ de hoje)	число (с)	[tʃɨs'lɔ]
data (ex. ~ de nascimento)	дата (ж)	['data]
calendário (m)	календар (ч)	[kalɛn'dar]
meio ano	півроку	[piw'rɔku]
seis meses	піврічча (с)	[piw'ritʃʲa]

| estação (f) | сезон (ч) | [sɛ'zɔn] |
| século (m) | вік (ч) | [wik] |

22. Unidades de medida

peso (m)	вага (ж)	[wa'ɦa]
comprimento (m)	довжина (ж)	[dowʒi'na]
largura (f)	ширина (ж)	[ʃiri'na]
altura (f)	висота (ж)	[wiso'ta]
profundidade (f)	глибина (ж)	[ɦlɨbi'na]
volume (m)	об'єм (ч)	[o'bʾɛm]
área (f)	площа (ж)	['plɔɕa]

grama (m)	грам (ч)	[ɦram]
miligrama (m)	міліграм (ч)	[mili'ɦram]
quilograma (m)	кілограм (ч)	[kilo'ɦram]
tonelada (f)	тонна (ж)	['tɔna]
libra (453,6 gramas)	фунт (ч)	['funt]
onça (f)	унція (ж)	['untsiʲa]

metro (m)	метр (ч)	[mɛtr]
milímetro (m)	міліметр (ч)	[mili'mɛtr]
centímetro (m)	сантиметр (ч)	[santi'mɛtr]
quilômetro (m)	кілометр (ч)	[kilo'mɛtr]
milha (f)	миля (ж)	['miʎa]

polegada (f)	дюйм (ч)	[dʲujm]
pé (304,74 mm)	фут (ч)	[fut]
jarda (914,383 mm)	ярд (ч)	[jard]

| metro (m) quadrado | квадратний метр (ч) | [kwad'ratnij mɛtr] |
| hectare (m) | гектар (ч) | [ɦɛk'tar] |

litro (m)	літр (ч)	[litr]
grau (m)	градус (ч)	['ɦradus]
volt (m)	вольт (ч)	[wolʲt]
ampère (m)	ампер (ч)	[am'pɛr]
cavalo (m) de potência	кінська сила (ж)	['kinsʲka 'siɫa]

quantidade (f)	кількість (ж)	['kiʎkistʲ]
um pouco de ...	небагато...	[nɛba'ɦato]
metade (f)	половина (ж)	[polo'wina]

| dúzia (f) | дюжина (ж) | ['dʲuʒina] |
| peça (f) | штука (ж) | ['ʃtuka] |

| tamanho (m), dimensão (f) | розмір (ч) | ['rɔzmir] |
| escala (f) | масштаб (ч) | [masʃ'tab] |

mínimo (adj)	мінімальний	[mini'maʎnij]
menor, mais pequeno	найменший	[naj'mɛnʃij]
médio (adj)	середній	[sɛ'rɛdnij]
máximo (adj)	максимальний	[maksɨ'maʎnij]
maior, mais grande	найбільший	[naj'biʎʃij]

23. Recipientes

pote (m) de vidro	банка (ж)	['banka]
lata (~ de cerveja)	банка (ж)	['banka]
balde (m)	відро (c)	[wid'rɔ]
barril (m)	бочка (ж)	['bɔtʃka]

bacia (~ de plástico)	таз (ч)	[taz]
tanque (m)	бак (ч)	[bak]
cantil (m) de bolso	фляжка (ж)	['flʲaʒka]
galão (m) de gasolina	каністра (ж)	[ka'nistra]
cisterna (f)	цистерна (ж)	[tsis'tɛrna]

caneca (f)	кухоль (ч)	['kuholʲ]
xícara (f)	чашка (ж)	['tʃaʃka]
pires (m)	блюдце (c)	['blʲudtsɛ]
copo (m)	склянка (ж)	['sklʲanka]
taça (f) de vinho	келих (ч)	['kɛlɨh]
panela (f)	каструля (ж)	[kas'trulʲa]

garrafa (f)	пляшка (ж)	['plʲaʃka]
gargalo (m)	горлечко	['ɦɔrlɛtʃko]

jarra (f)	карафа (ж)	[ka'rafa]
jarro (m)	глечик (ч)	['ɦlɛtʃik]
recipiente (m)	посудина (ж)	[po'sudina]
pote (m)	горщик (ч)	['ɦɔrɕik]
vaso (m)	ваза (ж)	['waza]

frasco (~ de perfume)	флакон (ч)	[fla'kɔn]
frasquinho (m)	пляшечка (ж)	['plʲaʃɛtʃka]
tubo (m)	тюбик (ч)	['tʲubɨk]

saco (ex. ~ de açúcar)	мішок (ч)	[mi'ʃɔk]
sacola (~ plastica)	пакет (ч)	[pa'kɛt]
maço (de cigarros, etc.)	пачка (ж)	['patʃka]

caixa (~ de sapatos, etc.)	коробка (ж)	[ko'rɔbka]
caixote (~ de madeira)	ящик (ч)	['jaɕik]
cesto (m)	кошик (ч)	['kɔʃik]

O SER HUMANO

O ser humano. O corpo

cabeça (f)	голова (ж)	[ɦolo'wa]
rosto, cara (f)	обличчя (с)	[ob'lit͡ʃa]
nariz (m)	ніс (ч)	[nis]
boca (f)	рот (ч)	[rot]
olho (m)	око (с)	['ɔko]
olhos (m pl)	очі (мн)	['ɔt͡ʃi]
pupila (f)	зіниця (ж)	[zi'nitsʲa]
sobrancelha (f)	брова (ж)	[bro'wa]
cílio (f)	вія (ж)	['wiʲa]
pálpebra (f)	повіка (ж)	[po'wika]
língua (f)	язик (ч)	[ja'zɨk]
dente (m)	зуб (ч)	[zub]
lábios (m pl)	губи (мн)	['ɦubɨ]
maçãs (f pl) do rosto	вилиці (мн)	['wɨlɨtsi]
gengiva (f)	ясна (мн)	['ʲasna]
palato (m)	піднебіння (с)	[pidnɛ'binʲa]
narinas (f pl)	ніздрі (мн)	['nizdri]
queixo (m)	підборіддя (с)	[pidbo'riddʲa]
mandíbula (f)	щелепа (ж)	[ɕɛ'lɛpa]
bochecha (f)	щока (ж)	[ɕo'ka]
testa (f)	чоло (с)	[t͡ʃo'lɔ]
têmpora (f)	скроня (ж)	['skrɔnʲa]
orelha (f)	вухо (с)	['wuho]
costas (f pl) da cabeça	потилиця (ж)	[po'tɨlɨtsʲa]
pescoço (m)	шия (ж)	['ʃɨʲa]
garganta (f)	горло (с)	['ɦɔrlo]
cabelo (m)	волосся (с)	[wo'lɔssʲa]
penteado (m)	зачіска (ж)	['zat͡ʃiska]
corte (m) de cabelo	стрижка (ж)	['strɨʒka]
peruca (f)	парик (ч)	[pa'rɨk]
bigode (m)	вуса (мн)	['wusa]
barba (f)	борода (ж)	[boro'da]
ter (~ barba, etc.)	носити	[no'sɨtɨ]
trança (f)	коса (ж)	[ko'sa]
suíças (f pl)	бакенбарди (мн)	[bakɛn'bardɨ]
ruivo (adj)	рудий	[ru'dɨj]
grisalho (adj)	сивий	['sɨwɨj]

| careca (adj) | лисий | ['lisij] |
| calva (f) | лисина (ж) | ['lisina] |

| rabo-de-cavalo (m) | хвіст (ч) | [hwist] |
| franja (f) | чубчик (ч) | ['ʧubʧik] |

25. Corpo humano

| mão (f) | кисть (ж) | [kistʲ] |
| braço (m) | рука (ж) | [ru'ka] |

dedo (m)	палець (ч)	['palɛts]
dedo (m) do pé	палець	['palɛtsʲ]
polegar (m)	великий палець (ч)	[wɛ'likij 'palɛts]
dedo (m) mindinho	мізинець (ч)	[mi'zinɛts]
unha (f)	ніготь (ч)	['niɦotʲ]

punho (m)	кулак (ч)	[ku'lak]
palma (f)	долоня (ж)	[do'lonʲa]
pulso (m)	зап'ясток (ч)	[za'pʲʲastok]
antebraço (m)	передпліччя (с)	[pɛrɛdp'liʧʲa]
cotovelo (m)	лікоть (ч)	['likotʲ]
ombro (m)	плече (с)	[plɛ'ʧɛ]

perna (f)	гомілка (ж)	[ɦo'milka]
pé (m)	ступня (ж)	[stup'nʲa]
joelho (m)	коліно (с)	[ko'lino]
panturrilha (f)	литка (ж)	['litka]
quadril (m)	стегно (с)	[stɛɦ'nɔ]
calcanhar (m)	п'ятка (ж)	['pʲʲatka]

corpo (m)	тіло (с)	['tilo]
barriga (f), ventre (m)	живіт (ч)	[ʒi'wit]
peito (m)	груди (мн)	['ɦrudi]
seio (m)	груди (мн)	['ɦrudi]
lado (m)	бік (ч)	[bik]
costas (dorso)	спина (ж)	['spina]
região (f) lombar	поперек (ч)	[popɛ'rɛk]
cintura (f)	талія (ж)	['taliʲa]

umbigo (m)	пупок (ч)	[pu'pɔk]
nádegas (f pl)	сідниці (мн)	[sid'niʦi]
traseiro (m)	зад (ч)	[zad]

sinal (m), pinta (f)	родимка (ж)	['rɔdimka]
sinal (m) de nascença	родима пляма (ж)	[ro'dima 'plʲama]
tatuagem (f)	татуювання (с)	[tatuʲu'wanʲa]
cicatriz (f)	рубець (ч)	[ru'bɛts]

Vestuário & Acessórios

26. Roupa exterior. Casacos

roupa (f)	одяг (ч)	['ɔdʲaɦ]
roupa (f) exterior	верхній одяг (ч)	['wɛrhnij 'ɔdʲaɦ]
roupa (f) de inverno	зимовий одяг (ч)	[zi'mɔwij 'ɔdʲaɦ]
sobretudo (m)	пальто (c)	[palʲ'tɔ]
casaco (m) de pele	шуба (ж)	['ʃuba]
jaqueta (f) de pele	кожушок (ч)	[koʒu'ʃɔk]
casaco (m) acolchoado	пуховик (ч)	[puho'wik]
casaco (m), jaqueta (f)	куртка (ж)	['kurtka]
impermeável (m)	плащ (ч)	[plaɕ]
a prova d'água	непромокальний	[nɛpromo'kalʲnij]

27. Vestuário de homem & mulher

camisa (f)	сорочка (ж)	[so'rɔtʃka]
calça (f)	штани (мн)	[ʃta'ni]
jeans (m)	джинси (мн)	['dʒinsi]
paletó, terno (m)	піджак (ч)	[pi'dʒak]
terno (m)	костюм (ч)	[kos'tʲum]
vestido (ex. ~ de noiva)	сукня (ж)	['suknʲa]
saia (f)	спідниця (ж)	[spid'nitsʲa]
blusa (f)	блузка (ж)	['bluzka]
casaco (m) de malha	кофта (ж)	['kɔfta]
casaco, blazer (m)	жакет (ч)	[ʒa'kɛt]
camiseta (f)	футболка (ж)	[fut'bɔlka]
short (m)	шорти (мн)	['ʃɔrti]
training (m)	спортивний костюм (ч)	[spor'tiwnij kos'tʲum]
roupão (m) de banho	халат (ч)	[ha'lat]
pijama (m)	піжама (ж)	[pi'ʒama]
suéter (m)	светр (ч)	[swɛtr]
pulôver (m)	пуловер (ч)	[pulo'wɛr]
colete (m)	жилет (ч)	[ʒi'lɛt]
fraque (m)	фрак (ч)	[frak]
smoking (m)	смокінг (ч)	['smɔkinɦ]
uniforme (m)	форма (ж)	['fɔrma]
roupa (f) de trabalho	робочий одяг (ч)	[ro'bɔtʃij 'ɔdʲaɦ]
macacão (m)	комбінезон (ч)	[kombinɛ'zɔn]
jaleco (m), bata (f)	халат (ч)	[ha'lat]

28. Vestuário. Roupa interior

roupa (f) íntima	білизна (ж)	[bi'lizna]
cueca boxer (f)	труси (мн)	[tru'si]
calcinha (f)	жіноча білизна	[ʒi'notʃa biliz'na]
camiseta (f)	майка (ж)	['majka]
meias (f pl)	шкарпетки (мн)	[ʃkar'pɛtki]
camisola (f)	нічна сорочка (ж)	[nitʃ'na so'rotʃka]
sutiã (m)	бюстгальтер (ч)	[blust'halʲtɛr]
meias longas (f pl)	гольфи (мн)	['ɦolʲfi]
meias-calças (f pl)	колготки (мн)	[kol'ɦotki]
meias (~ de nylon)	панчохи (мн)	[pan'tʃohi]
maiô (m)	купальник (ч)	[ku'palʲnik]

29. Adereços de cabeça

chapéu (m), touca (f)	шапка (ж)	['ʃapka]
chapéu (m) de feltro	капелюх (ч)	[kapɛ'lʲuh]
boné (m) de beisebol	бейсболка (ж)	[bɛjs'bolka]
boina (~ italiana)	кашкет (ч)	[kaʃ'kɛt]
boina (ex. ~ basca)	берет (ч)	[bɛ'rɛt]
capuz (m)	каптур (ч)	[kap'tur]
chapéu panamá (m)	панамка (ж)	[pa'namka]
touca (f)	в'язана шапочка (ж)	['wʲazana 'ʃapotʃka]
lenço (m)	хустка (ж)	['hustka]
chapéu (m) feminino	капелюшок (ч)	[kapɛ'lʲuʃok]
capacete (m) de proteção	каска (ж)	['kaska]
bibico (m)	пілотка (ж)	[pi'lotka]
capacete (m)	шолом (ч)	[ʃo'lom]
chapéu-coco (m)	котелок (ч)	[kotɛ'lok]
cartola (f)	циліндр (ч)	[tsi'lindr]

30. Calçado

calçado (m)	взуття (с)	[wzut'tʲa]
botinas (f pl), sapatos (m pl)	черевики (мн)	[tʃɛrɛ'wiki]
sapatos (de salto alto, etc.)	туфлі (мн)	['tufli]
botas (f pl)	чоботи (мн)	['tʃoboti]
pantufas (f pl)	капці (мн)	['kaptsi]
tênis (~ Nike, etc.)	кросівки (мн)	[kro'siwki]
tênis (~ Converse)	кеди (мн)	['kɛdi]
sandálias (f pl)	сандалі (мн)	[san'dali]
sapateiro (m)	чоботар (ч)	[tʃobo'tar]
salto (m)	каблук (ч)	[kab'luk]

par (m)	пара (ж)	['para]
cadarço (m)	шнурок (ч)	[ʃnu'rɔk]
amarrar os cadarços	шнурувати	[ʃnuru'watiɪ]
calçadeira (f)	ріжок (ч) для взуття	[ri'ʒɔk dlʲa wzu'tʲa]
graxa (f) para calçado	крем (ч) для взуття	[krɛm dlʲa wzut'tʲa]

31. Acessórios pessoais

luva (f)	рукавички (мн)	[ruka'witʃki]
mitenes (f pl)	рукавиці (мн)	[ruka'witsi]
cachecol (m)	шарф (ч)	[ʃarf]
óculos (m pl)	окуляри (мн)	[oku'lʲari]
armação (f)	оправа (ж)	[op'rawa]
guarda-chuva (m)	парасолька (ж)	[para'sɔlʲka]
bengala (f)	ціпок (ч)	[tsi'pɔk]
escova (f) para o cabelo	щітка (ж) для волосся	['çitka dlʲa wo'lɔssʲa]
leque (m)	віяло (с)	['wiʲalo]
gravata (f)	краватка (ж)	[kra'watka]
gravata-borboleta (f)	краватка-метелик (ж)	[kra'watka mɛ'tɛlik]
suspensórios (m pl)	підтяжки (мн)	[pid'tʲaʒkiɪ]
lenço (m)	носовичок (ч)	[nosowiɪ'tʃɔk]
pente (m)	гребінець (ч)	[ɦrɛbi'nɛts]
fivela (f) para cabelo	заколка (ж)	[za'kɔlka]
grampo (m)	шпилька (ж)	['ʃpilʲka]
fivela (f)	пряжка (ж)	['prʲaʒka]
cinto (m)	ремінь (ч)	['rɛminʲ]
alça (f) de ombro	ремінь (ч)	['rɛminʲ]
bolsa (f)	сумка (ж)	['sumka]
bolsa (feminina)	сумочка (ж)	['sumotʃka]
mochila (f)	рюкзак (ч)	[rʲuk'zak]

32. Vestuário. Diversos

moda (f)	мода (ж)	['mɔda]
na moda (adj)	модний	['mɔdnij]
estilista (m)	модельєр (ч)	[modɛ'lʲɛr]
colarinho (m)	комір (ч)	['kɔmir]
bolso (m)	кишеня (ж)	[ki'ʃɛnʲa]
de bolso	кишеньковий	[kiʃɛnʲ'kɔwij]
manga (f)	рукав (ч)	[ru'kaw]
ganchinho (m)	петля (ж)	[pɛt'lʲa]
bragueta (f)	ширинка (ж)	[ʃi'rinka]
zíper (m)	блискавка (ж)	['bliskawka]
colchete (m)	застібка (ж)	['zastibka]
botão (m)	ґудзик (ч)	['gudzik]

| botoeira (casa de botão) | петля (ж) | [pɛt'lʲa] |
| soltar-se (vr) | відірватися | [widir'watisʲa] |

costurar (vi)	шити	['ʃiti]
bordar (vt)	вишивати	[wiʃi'wati]
bordado (m)	вишивка (ж)	['wiʃiwka]
agulha (f)	голка (ж)	['ɦɔlka]
fio, linha (f)	нитка (ж)	['nitka]
costura (f)	шов (ч)	[ʃow]

sujar-se (vr)	забруднитися	[zabrud'nitisʲa]
mancha (f)	пляма (ж)	['plʲama]
amarrotar-se (vr)	зім'ятися	[zi'mʲʲatisʲa]
rasgar (vt)	порвати	[por'wati]
traça (f)	міль (ж)	[milʲ]

33. Cuidados pessoais. Cosméticos

pasta (f) de dente	зубна паста (ж)	[zub'na 'pasta]
escova (f) de dente	зубна щітка (ж)	[zub'na 'ɕitka]
escovar os dentes	чистити зуби	['tʃistiti 'zubi]

gilete (f)	бритва (ж)	['britwa]
creme (m) de barbear	крем (ч) для гоління	[krɛm dlʲa ɦo'linʲa]
barbear-se (vr)	голитися	[ɦo'litisʲa]

| sabonete (m) | мило (с) | ['miło] |
| xampu (m) | шампунь (ч) | [ʃam'punʲ] |

tesoura (f)	ножиці (мн)	['nɔʒitsi]
lixa (f) de unhas	пилочка (ж) для нігтів	['piłotʃka dlʲa 'niɦtiw]
corta-unhas (m)	щипчики (мн)	['ɕiptʃiki]
pinça (f)	пінцет (ч)	[pin'tsɛt]

cosméticos (m pl)	косметика (ж)	[kos'mɛtika]
máscara (f)	маска (ж)	['maska]
manicure (f)	манікюр (ч)	[mani'kʲur]
fazer as unhas	робити манікюр	[ro'biti mani'kʲur]
pedicure (f)	педикюр (ч)	[pɛdi'kʲur]

bolsa (f) de maquiagem	косметичка (ж)	[kosmɛ'titʃka]
pó (de arroz)	пудра (ж)	['pudra]
pó (m) compacto	пудрениця (ж)	['pudrɛnitsʲa]
blush (m)	рум'яна (мн)	[ru'mʲʲana]

perfume (m)	парфуми (мн)	[par'fumi]
água-de-colônia (f)	туалетна вода (ж)	[tua'lɛtna wo'da]
loção (f)	лосьйон (ч)	[lo'sjon]
colônia (f)	одеколон (ч)	[odɛko'lɔn]

sombra (f) de olhos	тіні (мн) для повік	['tini dlʲa po'wik]
delineador (m)	олівець (ч) для очей	[oli'wɛts dlʲa o'tʃɛj]
máscara (f), rímel (m)	туш (ж)	[tuʃ]
batom (m)	губна помада (ж)	[ɦub'na po'mada]

esmalte (m)	лак (ч) для нігтів	[lak dlʲa 'niɦtiw]
laquê (m), spray fixador (m)	лак (ч) для волосся	[lak dlʲa wo'lɔssʲa]
desodorante (m)	дезодорант (ч)	[dɛzodo'rant]

creme (m)	крем (ч)	[krɛm]
creme (m) de rosto	крем (ч) для обличчя	[krɛm dlʲa ob'litʃʲa]
creme (m) de mãos	крем (ч) для рук	[krɛm dlʲa ruk]
creme (m) antirrugas	крем (ч) проти зморшок	[krɛm 'prɔtɨ 'zmɔrʃok]
creme (m) de dia	денний крем (ч)	['dɛnnɨj krɛm]
creme (m) de noite	нічний крем (ч)	[nitʃ'nɨj krɛm]
de dia	денний	['dɛnɨj]
da noite	нічний	[nitʃ'nɨj]

absorvente (m) interno	тампон (ч)	[tam'pɔn]
papel (m) higiênico	туалетний папір (ч)	[tua'lɛtnɨj pa'pir]
secador (m) de cabelo	фен (ч)	[fɛn]

34. Relógios de pulso. Relógios

relógio (m) de pulso	годинник (ч)	[ɦo'dɨnɨk]
mostrador (m)	циферблат (ч)	[tsɨfɛrb'lat]
ponteiro (m)	стрілка (ж)	['strilka]
bracelete (em aço)	браслет (ч)	[bras'lɛt]
bracelete (em couro)	ремінець (ч)	[rɛmi'nɛts]

pilha (f)	батарейка (ж)	[bata'rɛjka]
acabar (vi)	сісти	['sistɨ]
trocar a pilha	поміняти батарейку	[pomi'nʲatɨ bata'rɛjku]
estar adiantado	поспішати	[pospi'ʃatɨ]
estar atrasado	відставати	[widsta'watɨ]

relógio (m) de parede	годинник (ч) настінний	[ɦo'dɨnɨk nas'tinɨj]
ampulheta (f)	годинник (ч) пісочний	[ɦo'dɨnɨk pi'sɔtʃnɨj]
relógio (m) de sol	годинник (ч) сонячний	[ɦo'dɨnɨk 'sɔnʲatʃnɨj]
despertador (m)	будильник (ч)	[bu'dɨlʲnɨk]
relojoeiro (m)	годинникар (ч)	[ɦodɨnɨ'kar]
reparar (vt)	ремонтувати	[rɛmontu'watɨ]

Alimentação. Nutrição

35. Comida

carne (f)	м'ясо (с)	['m⁷ʲaso]
galinha (f)	курка (ж)	['kurka]
frango (m)	курча (с)	[kur'ʧa]
pato (m)	качка (ж)	['kaʧka]
ganso (m)	гусак (ч)	[ɦu'sak]
caça (f)	дичина (ж)	[diʧi'na]
peru (m)	індичка (ж)	[in'diʧka]
carne (f) de porco	свинина (ж)	[swi'nina]
carne (f) de vitela	телятина (ж)	[tɛ'lʲatina]
carne (f) de carneiro	баранина (ж)	[ba'ranina]
carne (f) de vaca	яловичина (ж)	['ʲalowiʧina]
carne (f) de coelho	кріль (ч)	[krilʲ]
linguiça (f), salsichão (m)	ковбаса (ж)	[kowba'sa]
salsicha (f)	сосиска (ж)	[so'siska]
bacon (m)	бекон (ч)	[bɛ'kɔn]
presunto (m)	шинка (ж)	['ʃinka]
pernil (m) de porco	окіст (ч)	['ɔkist]
patê (m)	паштет (ч)	[paʃ'tɛt]
fígado (m)	печінка (ж)	[pɛ'ʧinka]
guisado (m)	фарш (ч)	[farʃ]
língua (f)	язик (ч)	[ja'zɨk]
ovo (m)	яйце (с)	[jaj'tsɛ]
ovos (m pl)	яйця (мн)	['ʲajtsʲa]
clara (f) de ovo	білок (ч)	[bi'lɔk]
gema (f) de ovo	жовток (ч)	[ʒow'tɔk]
peixe (m)	риба (ж)	['riba]
mariscos (m pl)	морепродукти (мн)	[mɔrɛpro'dukti]
crustáceos (m pl)	ракоподібні (мн)	[rakopo'dibni]
caviar (m)	ікра (ж)	[ik'ra]
caranguejo (m)	краб (ч)	[krab]
camarão (m)	креветка (ж)	[krɛ'wɛtka]
ostra (f)	устриця (ж)	['ustritsʲa]
lagosta (f)	лангуст (ч)	[lan'ɦust]
polvo (m)	восьминіг (ч)	[wosʲmi'niɦ]
lula (f)	кальмар (ч)	[kalʲ'mar]
esturjão (m)	осетрина (ж)	[osɛt'rina]
salmão (m)	лосось (ч)	[lo'sɔsʲ]
halibute (m)	палтус (ч)	['paltus]
bacalhau (m)	тріска (ж)	[tris'ka]

cavala, sarda (f)	скумбрія (ж)	['skumbriʲa]
atum (m)	тунець (ч)	[tu'nɛts]
enguia (f)	вугор (ч)	[wu'ɦɔr]
truta (f)	форель (ж)	[fo'rɛlʲ]
sardinha (f)	сардина (ж)	[sar'dina]
lúcio (m)	щука (ж)	['ɕuka]
arenque (m)	оселедець (ч)	[osɛ'lɛdɛts]
pão (m)	хліб (ч)	[hlib]
queijo (m)	сир (ч)	[sir]
açúcar (m)	цукор (ч)	['tsukor]
sal (m)	сіль (ж)	[silʲ]
arroz (m)	рис (ч)	[ris]
massas (f pl)	макарони (мн)	[maka'rɔnɨ]
talharim, miojo (m)	локшина (ж)	[lokʃi'na]
manteiga (f)	вершкове масло (с)	[wɛrʃ'kɔwɛ 'maslo]
óleo (m) vegetal	олія (ж) рослинна	[o'liʲa ros'lina]
óleo (m) de girassol	соняшникова олія (ж)	['sɔnʲaʃnikowa o'liʲa]
margarina (f)	маргарин (ч)	[marɦa'rin]
azeitonas (f pl)	оливки (мн)	[o'liwkɨ]
azeite (m)	олія (ж) оливкова	[o'liʲa o'liwkowa]
leite (m)	молоко (с)	[molo'kɔ]
leite (m) condensado	згущене молоко (с)	['zɦuɕɛnɛ molo'kɔ]
iogurte (m)	йогурт (ч)	['joɦurt]
creme (m) azedo	сметана (ж)	[smɛ'tana]
creme (m) de leite	вершки (мн)	[wɛrʃ'kɨ]
maionese (f)	майонез (ч)	[maʲo'nɛz]
creme (m)	крем (ч)	[krɛm]
grãos (m pl) de cereais	крупа (ж)	[kru'pa]
farinha (f)	борошно (с)	['bɔroʃno]
enlatados (m pl)	консерви (мн)	[kon'sɛrwɨ]
flocos (m pl) de milho	кукурудзяні пластівці (мн)	[kuku'rudzʲani plastiw'tsi]
mel (m)	мед (ч)	[mɛd]
geleia (m)	джем (ч)	[dʒɛm]
chiclete (m)	жувальна гумка (ж)	[ʒu'walʲna 'ɦumka]

36. Bebidas

água (f)	вода (ж)	[wo'da]
água (f) potável	питна вода (ж)	[pɨt'na wo'da]
água (f) mineral	мінеральна вода (ж)	[minɛ'ralʲna wo'da]
sem gás (adj)	без газу	[bɛz 'ɦazu]
gaseificada (adj)	газований	[ɦa'zowanɨj]
com gás	з газом	[z 'ɦazom]
gelo (m)	лід (ч), крига (ж)	[lid], ['krɨɦa]

com gelo	з льодом	[z lʲodom]
não alcoólico (adj)	безалкогольний	[bɛzalko'ɦolʲnij]
refrigerante (m)	безалкогольний напій (ч)	[bɛzalko'ɦolʲnij na'pij]
refresco (m)	прохолодний напій (ч)	[proho'lɔdnij 'napij]
limonada (f)	лимонад (ч)	[lɨmo'nad]
bebidas (f pl) alcoólicas	алкогольні напої (мн)	[alko'ɦolʲni na'pɔji]
vinho (m)	вино (с)	[wi'nɔ]
vinho (m) branco	біле вино (с)	['bilɛ wi'nɔ]
vinho (m) tinto	червоне вино (с)	[ʧɛr'wɔnɛ wi'nɔ]
licor (m)	лікер (ч)	[li'kɛr]
champanhe (m)	шампанське (с)	[ʃam'pansʲkɛ]
vermute (m)	вермут (ч)	['wɛrmut]
uísque (m)	віскі (с)	['wiski]
vodca (f)	горілка (ж)	[ɦo'rilka]
gim (m)	джин (ч)	[dʒin]
conhaque (m)	коньяк (ч)	[ko'nʲak]
rum (m)	ром (ч)	[rom]
café (m)	кава (ж)	['kawa]
café (m) preto	чорна кава (ж)	['ʧɔrna 'kawa]
café (m) com leite	кава (ж) з молоком	['kawa z molo'kɔm]
cappuccino (m)	капучино (с)	[kapu'ʧino]
café (m) solúvel	розчинна кава (ж)	[roz'ʧina 'kawa]
leite (m)	молоко (с)	[molo'kɔ]
coquetel (m)	коктейль (ч)	[kok'tɛjlʲ]
batida (f), milkshake (m)	молочний коктейль (ч)	[mo'lɔʧnij kok'tɛjlʲ]
suco (m)	сік (ч)	[sik]
suco (m) de tomate	томатний сік (ч)	[to'matnij 'sik]
suco (m) de laranja	апельсиновий сік (ч)	[apɛlʲ'sɨnowɨj sik]
suco (m) fresco	свіжовижатий сік (ч)	[swiʒo'wɨʒatij sik]
cerveja (f)	пиво (с)	['pɨwo]
cerveja (f) clara	світле пиво (с)	['switlɛ 'pɨwo]
cerveja (f) preta	темне пиво (с)	['tɛmnɛ 'pɨwo]
chá (m)	чай (ч)	[ʧaj]
chá (m) preto	чорний чай (ч)	['ʧɔrnij ʧaj]
chá (m) verde	зелений чай (ч)	[zɛ'lɛnij ʧaj]

37. Vegetais

vegetais (m pl)	овочі (мн)	['ɔwoʧi]
verdura (f)	зелень (ж)	['zɛlɛnʲ]
tomate (m)	помідор (ч)	[pomi'dɔr]
pepino (m)	огірок (ч)	[oɦi'rɔk]
cenoura (f)	морква (ж)	['mɔrkwa]
batata (f)	картопля (ж)	[kar'tɔplʲa]
cebola (f)	цибуля (ж)	[ʦi'bulʲa]

alho (m)	часник (ч)	[ʧasˈnik]
couve (f)	капуста (ж)	[kaˈpusta]
couve-flor (f)	кольорова капуста (ж)	[kolʲoˈrɔwa kaˈpusta]
couve-de-bruxelas (f)	брюссельська капуста (ж)	[brʲuˈsɛlʲsʲka kaˈpusta]
brócolis (m pl)	броколі (ж)	[ˈbrɔkoli]

beterraba (f)	буряк (ч)	[buˈrʲak]
berinjela (f)	баклажан (ч)	[baklaˈʒan]
abobrinha (f)	кабачок (ч)	[kabaˈʧɔk]
abóbora (f)	гарбуз (ч)	[ɦarˈbuz]
nabo (m)	ріпа (ж)	[ˈripa]

salsa (f)	петрушка (ж)	[pɛtˈruʃka]
endro, aneto (m)	кріп (ч)	[krip]
alface (f)	салат (ч)	[saˈlat]
aipo (m)	селера (ж)	[sɛˈlɛra]
aspargo (m)	спаржа (ж)	[ˈsparʒa]
espinafre (m)	шпинат (ч)	[ʃpiˈnat]

ervilha (f)	горох (ч)	[ɦoˈrɔɦ]
feijão (~ soja, etc.)	боби (мн)	[boˈbi]
milho (m)	кукурудза (ж)	[kukuˈrudza]
feijão (m) roxo	квасоля (ж)	[kwaˈsɔlʲa]

pimentão (m)	перець (ч)	[ˈpɛrɛʦ]
rabanete (m)	редиска (ж)	[rɛˈdiska]
alcachofra (f)	артишок (ч)	[artiˈʃɔk]

38. Frutos. Nozes

fruta (f)	фрукт (ч)	[frukt]
maçã (f)	яблуко (с)	[ˈʲabluko]
pera (f)	груша (ж)	[ˈɦruʃa]
limão (m)	лимон (ч)	[liˈmɔn]
laranja (f)	апельсин (ч)	[apɛlʲˈsin]
morango (m)	полуниця (ж)	[poluˈniʦʲa]

tangerina (f)	мандарин (ч)	[mandaˈrin]
ameixa (f)	слива (ж)	[ˈsliwa]
pêssego (m)	персик (ч)	[ˈpɛrsik]
damasco (m)	абрикос (ч)	[abriˈkɔs]
framboesa (f)	малина (ж)	[maˈlina]
abacaxi (m)	ананас (ч)	[anaˈnas]

banana (f)	банан (ч)	[baˈnan]
melancia (f)	кавун (ч)	[kaˈwun]
uva (f)	виноград (ч)	[winoˈɦrad]
ginja, cereja (f)	вишня, черешня (ж)	[ˈwiʃnʲa], [ʧɛˈrɛʃnʲa]
ginja (f)	вишня (ж)	[ˈwiʃnʲa]
cereja (f)	черешня (ж)	[ʧɛˈrɛʃnʲa]
melão (m)	диня (ж)	[ˈdinʲa]

toranja (f)	грейпфрут (ч)	[ɦrɛjpˈfrut]
abacate (m)	авокадо (с)	[awoˈkado]

mamão (m)	папайя (ж)	[pa'paⁱa]
manga (f)	манго (с)	['manɦo]
romã (f)	гранат (ч)	[ɦra'nat]

groselha (f) vermelha	порічки (мн)	[po'ritʃki]
groselha (f) negra	чорна смородина (ж)	['tʃɔrna smo'rɔdina]
groselha (f) espinhosa	аґрус (ч)	['agrus]
mirtilo (m)	чорниця (ж)	[tʃor'nitsⁱa]
amora (f) silvestre	ожина (ж)	[o'ʒina]

passa (f)	родзинки (мн)	[ro'dzinki]
figo (m)	інжир (ч)	[in'ʒir]
tâmara (f)	фінік (ч)	['finik]

amendoim (m)	арахіс (ч)	[a'rahis]
amêndoa (f)	мигдаль (ч)	[miɦ'dalⁱ]
noz (f)	горіх (ч) волоський	[ɦo'rih wo'lɔsⁱkij]
avelã (f)	ліщина (ж)	[li'çina]
coco (m)	горіх (ч) кокосовий	[ɦo'rih ko'kɔsowij]
pistaches (m pl)	фісташки (мн)	[fis'taʃki]

39. Pão. Bolaria

pastelaria (f)	кондитерські вироби (мн)	[kon'ditɛrsⁱki 'wirobi]
pão (m)	хліб (ч)	[hlib]
biscoito (m), bolacha (f)	печиво (с)	['pɛtʃiwo]

chocolate (m)	шоколад (ч)	[ʃoko'lad]
de chocolate	шоколадний	[ʃoko'ladnij]
bala (f)	цукерка (ж)	[tsu'kɛrka]
doce (bolo pequeno)	тістечко (с)	['tistɛtʃko]
bolo (m) de aniversário	торт (ч)	[tort]

| torta (f) | пиріг (ч) | [pi'riɦ] |
| recheio (m) | начинка (ж) | [na'tʃinka] |

geleia (m)	варення (с)	[wa'rɛnⁱa]
marmelada (f)	мармелад (ч)	[marmɛ'lad]
wafers (m pl)	вафлі (мн)	['wafli]
sorvete (m)	морозиво (с)	[mo'rɔziwo]
pudim (m)	пудинг (ч)	['pudinɦ]

40. Pratos cozinhados

prato (m)	страва (ж)	['strawa]
cozinha (~ portuguesa)	кухня (ж)	['kuhnⁱa]
receita (f)	рецепт (ч)	[rɛ'tsɛpt]
porção (f)	порція (ж)	['pɔrtsiⁱa]

salada (f)	салат (ч)	[sa'lat]
sopa (f)	юшка (ж)	['ⁱuʃka]
caldo (m)	бульйон (ч)	[bu'lⁱɔn]

sanduíche (m)	канапка (ж)	[ka'napka]
ovos (m pl) fritos	яєчня (ж)	[jaˈɛʃnʲa]
hambúrguer (m)	гамбургер (ч)	[ˈɦamburɦɛr]
bife (m)	біфштекс (ч)	[bifˈʃtɛks]
acompanhamento (m)	гарнір (ч)	[ɦarˈnir]
espaguete (m)	спагеті (мн)	[spaˈɦɛti]
purê (m) de batata	картопляне пюре (с)	[kartopˈlʲanɛ pʲuˈrɛ]
pizza (f)	піца (ж)	[ˈpitsa]
mingau (m)	каша (ж)	[ˈkaʃa]
omelete (f)	омлет (ч)	[omˈlɛt]
fervido (adj)	варений	[waˈrɛnij]
defumado (adj)	копчений	[kopˈʧɛnij]
frito (adj)	смажений	[ˈsmaʒɛnij]
seco (adj)	сушений	[ˈsuʃɛnij]
congelado (adj)	заморожений	[zamoˈroʒɛnij]
em conserva (adj)	маринований	[mariˈnɔwanij]
doce (adj)	солодкий	[soˈlɔdkij]
salgado (adj)	солоний	[soˈlɔnij]
frio (adj)	холодний	[hoˈlɔdnij]
quente (adj)	гарячий	[ɦaˈrʲaʧij]
amargo (adj)	гіркий	[ɦirˈkij]
gostoso (adj)	смачний	[smaʧˈnij]
cozinhar em água fervente	варити	[waˈriti]
preparar (vt)	готувати	[ɦotuˈwati]
fritar (vt)	смажити	[ˈsmaʒiti]
aquecer (vt)	розігрівати	[roziɦriˈwati]
salgar (vt)	солити	[soˈliti]
apimentar (vt)	перчити	[pɛrˈʧiti]
ralar (vt)	терти	[ˈtɛrti]
casca (f)	шкірка (ж)	[ˈʃkirka]
descascar (vt)	чистити	[ˈʧistiti]

41. Especiarias

sal (m)	сіль (ж)	[silʲ]
salgado (adj)	солоний	[soˈlɔnij]
salgar (vt)	солити	[soˈliti]
pimenta-do-reino (f)	чорний перець (ч)	[ˈʧornij ˈpɛrɛts]
pimenta (f) vermelha	червоний перець (ч)	[ʧɛrˈwonij ˈpɛrɛts]
mostarda (f)	гірчиця (ж)	[ɦirˈʧitsʲa]
raiz-forte (f)	хрін (ч)	[hrin]
condimento (m)	приправа (ж)	[pripˈrawa]
especiaria (f)	прянощі (мн)	[prʲaˈnoɕi]
molho (~ inglês)	соус (ч)	[ˈsous]
vinagre (m)	оцет (ч)	[ˈɔtsɛt]
anis estrelado (m)	аніс (ч)	[ˈanis]

manjericão (m)	базилік (ч)	[bazi'lik]
cravo (m)	гвоздика (ж)	[ɦwoz'dɨka]
gengibre (m)	імбир (ч)	[im'bɨr]
coentro (m)	коріандр (ч)	[kori'andr]
canela (f)	кориця (ж)	[ko'rɨtsʲa]

gergelim (m)	кунжут (ч)	[kun'ʒut]
folha (f) de louro	лавровий лист (ч)	[law'rɔwij list]
páprica (f)	паприка (ж)	['paprɨka]
cominho (m)	кмин (ч)	[kmɨn]
açafrão (m)	шафран (ч)	[ʃafˈran]

42. Refeições

| comida (f) | їжа (ж) | ['jiʒa] |
| comer (vt) | їсти | ['jisti] |

café (m) da manhã	сніданок (ч)	[sni'danok]
tomar café da manhã	снідати	['snidati]
almoço (m)	обід (ч)	[o'bid]
almoçar (vi)	обідати	[o'bidati]
jantar (m)	вечеря (ж)	[wɛ'ʧɛrʲa]
jantar (vi)	вечеряти	[wɛ'ʧɛrʲati]

| apetite (m) | апетит (ч) | [apɛ'tit] |
| Bom apetite! | Смачного! | [smaʧ'nɔɦo] |

abrir (~ uma lata, etc.)	відкривати	[widkri'wati]
derramar (~ líquido)	пролити	[pro'liti]
derramar-se (vr)	пролитись	[pro'litisʲ]

ferver (vi)	кипіти	[ki'piti]
ferver (vt)	кип'ятити	[kipʲa'titi]
fervido (adj)	кип'ячений	[kipʲa'ʧɛnij]
esfriar (vt)	охолодити	[oholo'diti]
esfriar-se (vr)	охолоджуватись	[oho'lɔdʒuwatisʲ]

| sabor, gosto (m) | смак (ч) | [smak] |
| fim (m) de boca | присмак (ч) | ['prismak] |

emagrecer (vi)	худнути	['hudnuti]
dieta (f)	дієта (ж)	[di'ɛta]
vitamina (f)	вітамін (ч)	[wita'min]
caloria (f)	калорія (ж)	[ka'lɔrʲa]

| vegetariano (m) | вегетаріанець (ч) | [wɛɦɛtari'anɛts] |
| vegetariano (adj) | вегетаріанський | [wɛɦɛtari'ansʲkij] |

gorduras (f pl)	жири (мн)	[ʒi'ri]
proteínas (f pl)	білки (мн)	[bil'ki]
carboidratos (m pl)	вуглеводи (мн)	[wuɦlɛ'wɔdi]
fatia (~ de limão, etc.)	скибка (ж)	['skibka]
pedaço (~ de bolo)	шматок (ч)	[ʃma'tɔk]
migalha (f), farelo (m)	крихта (ж)	['krihta]

43. Por a mesa

colher (f)	ложка (ж)	['lɔʒka]
faca (f)	ніж (ч)	[niʒ]
garfo (m)	виделка (ж)	[wi'dɛlka]

xícara (f)	чашка (ж)	['ʧaʃka]
prato (m)	тарілка (ж)	[ta'rilka]
pires (m)	блюдце (c)	['blʲudtsɛ]
guardanapo (m)	серветка (ж)	[sɛr'wɛtka]
palito (m)	зубочистка (ж)	[zubo'ʧistka]

44. Restaurante

restaurante (m)	ресторан (ч)	[rɛsto'ran]
cafeteria (f)	кав'ярня (ж)	[ka'wʲlarnʲa]
bar (m), cervejaria (f)	бар (ч)	[bar]
salão (m) de chá	чайна (ж)	['ʧajna]

garçom (m)	офіціант (ч)	[ofitsi'ant]
garçonete (f)	офіціантка (ж)	[ofitsi'antka]
barman (m)	бармен (ч)	[bar'mɛn]

cardápio (m)	меню (c)	[mɛ'nʲu]
lista (f) de vinhos	карта (ж) вин	['karta win]
reservar uma mesa	забронювати столик	[zabronʲu'wati 'stɔlik]

prato (m)	страва (ж)	['strawa]
pedir (vt)	замовити	[za'mɔwiti]
fazer o pedido	зробити замовлення	[zro'biti za'mɔwlɛnʲa]

aperitivo (m)	аперитив (ч)	[apɛri'tiw]
entrada (f)	закуска (ж)	[za'kuska]
sobremesa (f)	десерт (ч)	[dɛ'sɛrt]

conta (f)	рахунок (ч)	[ra'hunok]
pagar a conta	оплатити рахунок	[opla'titi ra'hunok]
dar o troco	дати решту	['dati 'rɛʃtu]
gorjeta (f)	чайові (мн)	[ʧaʲo'wi]

Família, parentes e amigos

nome (m)	ім'я (c)	[i'm⁷ʲa]
sobrenome (m)	прізвище (c)	['prizwiɕɛ]
data (f) de nascimento	дата (ж) народження	['data na'rɔdʒɛnʲa]
local (m) de nascimento	місце (c) народження	['mistsɛ na'rɔdʒɛnʲa]
nacionalidade (f)	національність (ж)	[natsio'nalʲnistʲ]
lugar (m) de residência	місце (c) проживання	['mistsɛ proʒi'wanʲa]
país (m)	країна (ж)	[kra'jina]
profissão (f)	професія (ж)	[pro'fɛsiʲa]
sexo (m)	стать (ж)	[statʲ]
estatura (f)	зріст (ч)	[zrist]
peso (m)	вага (ж)	[wa'ɦa]

mãe (f)	мати (ж)	['mati]
pai (m)	батько (ч)	['batʲko]
filho (m)	син (ч)	[sin]
filha (f)	дочка (ж)	[dotʃ'ka]
caçula (f)	молодша дочка (ж)	[mo'lɔdʃa dotʃ'ka]
caçula (m)	молодший син (ч)	[mo'lɔdʃij sin]
filha (f) mais velha	старша дочка (ж)	['starʃa dotʃ'ka]
filho (m) mais velho	старший син (ч)	['starʃij sin]
irmão (m)	брат (ч)	[brat]
irmão (m) mais velho	старший брат (ч)	[star'ʃij brat]
irmão (m) mais novo	молодший брат (ч)	[mo'lɔdʃij brat]
irmã (f)	сестра (ж)	[sɛst'ra]
irmã (f) mais velha	старша сестра (ж)	[star'ʃa sɛst'ra]
irmã (f) mais nova	молодша сестра (ж)	[mo'lɔdʃa sɛst'ra]
primo (m)	двоюрідний брат (ч)	[dwoʲu'ridnij brat]
prima (f)	двоюрідна сестра (ж)	[dwoʲu'ridna sɛst'ra]
mamãe (f)	мати (ж)	['mati]
papai (m)	тато (ч)	['tato]
pais (pl)	батьки (мн)	[batʲ'ki]
criança (f)	дитина (ж)	[di'tina]
crianças (f pl)	діти (мн)	['diti]
avó (f)	бабуся (ж)	[ba'busʲa]
avô (m)	дід (ч)	['did]
neto (m)	онук (ч)	[o'nuk]

neta (f)	онука (ж)	[o'nuka]
netos (pl)	онуки (мн)	[o'nuki]

tio (m)	дядько (ч)	['dʲadʲko]
tia (f)	тітка (ж)	['titka]
sobrinho (m)	племінник (ч)	[plɛ'minik]
sobrinha (f)	племінниця (ж)	[plɛ'minitsʲa]

sogra (f)	теща (ж)	['tɛɕa]
sogro (m)	свекор (ч)	['swɛkor]
genro (ч)	зять (ч)	[zʲatʲ]
madrasta (f)	мачуха (ж)	['matʃuha]
padrasto (m)	вітчим (ч)	['witʃim]

criança (f) de colo	немовля (c)	[nɛmow'lʲa]
bebê (m)	малюк (ч)	[ma'lʲuk]
menino (m)	малюк (ч)	[ma'lʲuk]

mulher (f)	дружина (ж)	[dru'ʒina]
marido (m)	чоловік (ч)	[tʃolo'wik]
esposo (m)	чоловік (ч)	[tʃolo'wik]
esposa (f)	дружина (ж)	[dru'ʒina]

casado (adj)	одружений	[od'ruʒɛnij]
casada (adj)	заміжня	[za'miʒnʲa]
solteiro (adj)	холостий	[holos'tij]
solteirão (m)	холостяк (ч)	[holos'tʲak]
divorciado (adj)	розлучений	[roz'lutʃɛnij]
viúva (f)	вдова (ж)	[wdo'wa]
viúvo (m)	вдівець (ч)	[wdi'wɛts]

parente (m)	родич (ч)	['rɔditʃ]
parente (m) próximo	близький родич (ч)	[bliziʲkij 'rɔditʃ]
parente (m) distante	далекий родич (ч)	[da'lɛkij 'rɔditʃ]
parentes (m pl)	рідні (мн)	['ridni]

órfão (m), órfã (f)	сирота (ч)	[siro'ta]
órfão (m)	сирота (ч)	[siro'ta]
órfã (f)	сирота (ж)	[siro'ta]
tutor (m)	опікун (ч)	[opi'kun]
adotar (um filho)	усиновити	[usino'witi]
adotar (uma filha)	удочерити	[udotʃɛ'riti]

Medicina

doença (f)	хвороба (ж)	[hwo'rɔba]
estar doente	хворіти	[hwo'riti]
saúde (f)	здоров'я (с)	[zdo'rɔwʲa]

nariz (m) escorrendo	нежить (ч)	['nɛʒitʲ]
amigdalite (f)	ангіна (ж)	[an'ɦina]
resfriado (m)	застуда (ж)	[za'studa]
ficar resfriado	застудитися	[zastu'ditisʲa]

bronquite (f)	бронхіт (ч)	[bron'hit]
pneumonia (f)	запалення (с) легенів	[za'palɛnja lɛ'ɦɛniw]
gripe (f)	грип (ч)	[ɦrip]

míope (adj)	короткозорий	[korotko'zɔrij]
presbita (adj)	далекозорий	[dalɛko'zɔrij]
estrabismo (m)	косоокість (ж)	[koso'ɔkistʲ]
estrábico, vesgo (adj)	косоокий	[koso'ɔkij]
catarata (f)	катаракта (ж)	[kata'rakta]
glaucoma (m)	глаукома (ж)	[ɦlau'kɔma]

AVC (m), apoplexia (f)	інсульт (ч)	[in'sulʲt]
ataque (m) cardíaco	інфаркт (ч)	[in'farkt]
enfarte (m) do miocárdio	інфаркт (ч) міокарду	[in'farkt mio'kardu]
paralisia (f)	параліч (ч)	[para'litʃ]
paralisar (vt)	паралізувати	[paralizu'wati]

alergia (f)	алергія (ж)	[alɛr'ɦiʲa]
asma (f)	астма (ж)	['astma]
diabetes (f)	діабет (ч)	[dia'bɛt]

dor (f) de dente	зубний біль (ч)	[zub'nij bilʲ]
cárie (f)	карієс (ч)	['kariɛs]

diarreia (f)	діарея (ж)	[dia'rɛʲa]
prisão (f) de ventre	запор (ч)	[za'pɔr]
desarranjo (m) intestinal	розлад (ч) шлунку	['rɔzlad 'ʃlunku]
intoxicação (f) alimentar	отруєння (с)	[ot'ruɛnʲa]
intoxicar-se	отруїтись	[otru'jitisʲ]

artrite (f)	артрит (ч)	[art'rit]
raquitismo (m)	рахіт (ч)	[ra'hit]
reumatismo (m)	ревматизм (ч)	[rɛwma'tizm]
arteriosclerose (f)	атеросклероз (ч)	[atɛrosklɛ'rɔz]

gastrite (f)	гастрит (ч)	[ɦast'rit]
apendicite (f)	апендицит (ч)	[apɛndi'tsit]

colecistite (f)	холецистит (ч)	[holɛʦis'tit]
úlcera (f)	виразка (ж)	['wɨrazka]

sarampo (m)	кір (ч)	[kir]
rubéola (f)	краснуха (ж)	[kras'nuha]
icterícia (f)	жовтуха (ж)	[ʒow'tuha]
hepatite (f)	гепатит (ч)	[ɦɛpa'tit]

esquizofrenia (f)	шизофренія (ж)	[ʃizofrɛ'niʲa]
raiva (f)	сказ (ч)	[skaz]
neurose (f)	невроз (ч)	[nɛw'rɔz]
contusão (f) cerebral	струс (ч) мозку	['strus 'mɔzku]

câncer (m)	рак (ч)	[rak]
esclerose (f)	склероз (ч)	[sklɛ'rɔz]
esclerose (f) múltipla	розсіяний склероз (ч)	[roz'siʲanij sklɛ'rɔz]

alcoolismo (m)	алкоголізм (ч)	[alkoɦo'lizm]
alcoólico (m)	алкоголік (ч)	[alko'ɦolik]
sífilis (f)	сифіліс (ч)	['sifilis]
AIDS (f)	СНІД (ч)	[snid]

tumor (m)	пухлина (ж)	[puh'lɨna]
maligno (adj)	злоякісна	[zlo'ʲakisna]
benigno (adj)	доброякісна	[dobro'ʲakisna]

febre (f)	гарячка (ж)	[ɦa'rʲatʃka]
malária (f)	малярія (ж)	[malʲa'riʲa]
gangrena (f)	гангрена (ж)	[ɦan'ɦrɛna]
enjoo (m)	морська хвороба (ж)	[mors'ʲka hwo'rɔba]
epilepsia (f)	епілепсія (ж)	[ɛpi'lɛpsiʲa]

epidemia (f)	епідемія (ж)	[ɛpi'dɛmiʲa]
tifo (m)	тиф (ч)	[tif]
tuberculose (f)	туберкульоз (ч)	[tubɛrku'lʲoz]
cólera (f)	холера (ж)	[ho'lɛra]
peste (f) bubônica	чума (ж)	[ʧu'ma]

48. Sintomas. Tratamentos. Parte 1

sintoma (m)	симптом (ч)	[sɨmp'tɔm]
temperatura (f)	температура (ж)	[tɛmpɛra'tura]
febre (f)	висока температура (ж)	[wɨ'sɔka tɛmpɛra'tura]
pulso (m)	пульс (ч)	[pulʲs]

vertigem (f)	запаморочення (с)	[za'pamorotʃɛnʲa]
quente (testa, etc.)	гарячий	[ɦa'rʲatʃij]
calafrio (m)	озноб (ч)	[oz'nɔb]
pálido (adj)	блідий	[bli'dij]

tosse (f)	кашель (ч)	['kaʃɛlʲ]
tossir (vi)	кашляти	['kaʃlʲati]
espirrar (vi)	чхати	['ʧhati]
desmaio (m)	непритомність (ж)	[nɛpri'tɔmnistʲ]

desmaiar (vi)	знепритомніти	[znɛpri'tɔmniti]
mancha (f) preta	синець (ч)	[si'nɛʦ]
galo (m)	гуля (ж)	['ɦulʲa]
machucar-se (vr)	ударитись	[u'daritisʲ]
contusão (f)	забите місце (с)	[za'bitɛ 'misʦɛ]
machucar-se (vr)	забитися	[za'bitisʲa]
mancar (vi)	кульгати	[kulʲ'ɦati]
deslocamento (f)	вивих (ч)	['wiwih]
deslocar (vt)	вивихнути	['wiwihnuti]
fratura (f)	перелом (ч)	[pɛrɛ'lɔm]
fraturar (vt)	отримати перелом	[ot'rimati pɛrɛ'lɔm]
corte (m)	поріз (ч)	[po'riz]
cortar-se (vr)	порізатися	[po'rizatisʲa]
hemorragia (f)	кровотеча (ж)	[krowo'tɛʧa]
queimadura (f)	опік (ч)	['ɔpik]
queimar-se (vr)	обпектися	[obpɛk'tisʲa]
picar (vt)	уколоти	[uko'lɔti]
picar-se (vr)	уколотися	[uko'lɔtisʲa]
lesionar (vt)	пошкодити	[poʃ'kɔditi]
lesão (m)	ушкодження (с)	[uʃ'kɔdʒɛnʲa]
ferida (f), ferimento (m)	рана (ж)	['rana]
trauma (m)	травма (ж)	['trawma]
delirar (vi)	марити	['mariti]
gaguejar (vi)	заїкатися	[zajɨ'katisʲa]
insolação (f)	сонячний удар (ч)	['sɔnʲatʃnij u'dar]

49. Sintomas. Tratamentos. Parte 2

dor (f)	біль (ч)	[bilʲ]
farpa (no dedo, etc.)	скалка (ж)	['skalka]
suor (m)	піт (ч)	[pit]
suar (vi)	спітніти	[spit'niti]
vômito (m)	блювота (ж)	[blʲu'wɔta]
convulsões (f pl)	судома (ж)	[su'dɔma]
grávida (adj)	вагітна	[wa'ɦitna]
nascer (vi)	народитися	[naro'ditisʲa]
parto (m)	пологи (мн)	[po'lɔɦi]
dar à luz	народжувати	[na'rɔdʒuwati]
aborto (m)	аборт (ч)	[a'bɔrt]
respiração (f)	дихання (с)	['dihanʲa]
inspiração (f)	вдих (ч)	[wdih]
expiração (f)	видих (ч)	['widih]
expirar (vi)	видихнути	['widihnuti]
inspirar (vi)	зробити вдих	[zro'biti wdih]
inválido (m)	інвалід (ч)	[inwa'lid]
aleijado (m)	каліка (ч)	[ka'lika]

drogado (m)	наркоман (ч)	[narko'man]
surdo (adj)	глухий	[ɦlu'hij]
mudo (adj)	німий	[ni'mij]
surdo-mudo (adj)	глухонімий	[ɦluhoni'mij]

louco, insano (adj)	божевільний	[boʒɛ'wilʲnij]
louco (m)	божевільний (ч)	[boʒɛ'wilʲnij]
louca (f)	божевільна (ж)	[boʒɛ'wilʲna]
ficar louco	збожеволіти	[zboʒɛ'wɔliti]

gene (m)	ген (ч)	[ɦɛn]
imunidade (f)	імунітет (ч)	[imuni'tɛt]
hereditário (adj)	спадковий	[spad'kɔwij]
congênito (adj)	вроджений	['wrɔdʒɛnij]

vírus (m)	вірус (ч)	['wirus]
micróbio (m)	мікроб (ч)	[mik'rɔb]
bactéria (f)	бактерія (ж)	[bak'tɛriʲa]
infecção (f)	інфекція (ж)	[in'fɛktsiʲa]

50. Sintomas. Tratamentos. Parte 3

hospital (m)	лікарня (ж)	[li'karnʲa]
paciente (m)	пацієнт (ч)	[patsi'ɛnt]

diagnóstico (m)	діагноз (ч)	[di'aɦnoz]
cura (f)	лікування (с)	[liku'wanʲa]
tratamento (m) médico	лікування (с)	[liku'wanʲa]
curar-se (vr)	лікуватися	[liku'watisʲa]
tratar (vt)	лікувати	[liku'wati]
cuidar (pessoa)	доглядати	[doɦlʲa'dati]
cuidado (m)	догляд (ч)	['doɦlʲad]

operação (f)	операція (ж)	[opɛ'ratsiʲa]
enfaixar (vt)	перев'язати	[pɛrɛw'ʲa'zati]
enfaixamento (m)	перев'язка (ж)	[pɛrɛ'w'ʲazka]

vacinação (f)	щеплення (с)	['ɕɛplɛnʲa]
vacinar (vt)	робити щеплення	[ro'biti 'ɕɛplɛnʲa]
injeção (f)	ін'єкція (ж)	[i'n'ɛktsiʲa]
dar uma injeção	робити укол	[ro'biti u'kɔl]

ataque (~ de asma, etc.)	напад	['napad]
amputação (f)	ампутація (ж)	[ampu'tatsiʲa]
amputar (vt)	ампутувати	[amputu'wati]
coma (f)	кома (ж)	['kɔma]
estar em coma	бути в комі	['buti w 'kɔmi]
reanimação (f)	реанімація (ж)	[rɛani'matsiʲa]

recuperar-se (vr)	видужувати	[wi'duʒuwati]
estado (~ de saúde)	стан (ч)	['stan]
consciência (perder a ~)	свідомість (ж)	[swi'dɔmistʲ]
memória (f)	пам'ять (ж)	['pam'ʲatʲ]
tirar (vt)	видалити	['widaliti]

| obturação (f) | пломба (ж) | ['plomba] |
| obturar (vt) | пломбувати | [plombu'wati] |

| hipnose (f) | гіпноз (ч) | [ɦip'nɔz] |
| hipnotizar (vt) | гіпнотизувати | [ɦipnotizu'wati] |

51. Médicos

médico (m)	лікар (ч)	['likar]
enfermeira (f)	медсестра (ж)	[mɛdsɛst'ra]
médico (m) pessoal	особистий лікар (ч)	[oso'bistij 'likar]

dentista (m)	стоматолог (ч)	[stoma'tɔloɦ]
oculista (m)	окуліст (ч)	[oku'list]
terapeuta (m)	терапевт (ч)	[tɛra'pɛwt]
cirurgião (m)	хірург (ч)	[hi'rurɦ]

psiquiatra (m)	психіатр (ч)	[psiɦi'atr]
pediatra (m)	педіатр (ч)	[pɛdi'atr]
psicólogo (m)	психолог (ч)	[psi'hɔloɦ]
ginecologista (m)	гінеколог (ч)	[ɦinɛ'kɔloɦ]
cardiologista (m)	кардіолог (ч)	[kardi'ɔloɦ]

52. Medicina. Drogas. Acessórios

medicamento (m)	ліки (мн)	['liki]
remédio (m)	засіб (ч)	['zasib]
receitar (vt)	прописати	[propi'sati]
receita (f)	рецепт (ч)	[rɛ'tsɛpt]

comprimido (m)	пігулка (ж)	[pi'ɦulka]
unguento (m)	мазь (ж)	[mazʲ]
ampola (f)	ампула (ж)	['ampula]
solução, preparado (m)	мікстура (ж)	[miks'tura]
xarope (m)	сироп (ч)	[si'rɔp]
cápsula (f)	пігулка (ж)	[pi'ɦulka]
pó (m)	порошок (ч)	[poro'ʃɔk]

atadura (f)	бинт (ч)	[bint]
algodão (m)	вата (ж)	['wata]
iodo (m)	йод (ч)	['ʲod]

curativo (m) adesivo	лейкопластир (ч)	[lɛjko'plastir]
conta-gotas (m)	піпетка (ж)	[pi'pɛtka]
termômetro (m)	градусник (ч)	['ɦradusnik]
seringa (f)	шприц (ч)	[ʃprits]

| cadeira (f) de rodas | інвалідне крісло (c) | [inwa'lidnɛ 'krislo] |
| muletas (f pl) | милиці (мн) | ['miłitsi] |

| analgésico (m) | знеболювальне (c) | [znɛ'bɔlʲuwalʲnɛ] |
| laxante (m) | проносне (c) | [pronos'nɛ] |

álcool (m)	спирт (ч)	[spirt]
ervas (f pl) medicinais	лікарська трава (ж)	['likarsʲka tra'wa]
de ervas (chá ~)	трав'яний	[trawʲa'nij]

HABITAT HUMANO

Cidade

cidade (f)	місто (c)	['misto]
capital (f)	столиця (ж)	[sto'litsˈa]
aldeia (f)	село (c)	[sɛ'lɔ]
mapa (m) da cidade	план (ч) міста	[plan 'mista]
centro (m) da cidade	центр (ч) міста	[tsɛntr 'mista]
subúrbio (m)	передмістя (c)	[pɛrɛd'mistˈa]
suburbano (adj)	приміський	[primisˈ'kij]
periferia (f)	околиця (ж)	[o'kɔlitsˈa]
arredores (m pl)	околиці (мн)	[o'kɔlitsi]
quarteirão (m)	квартал (ч)	[kwar'tal]
quarteirão (m) residencial	житловий квартал (ч)	[ʒitlo'wij kwar'tal]
tráfego (m)	вуличний рух (ч)	['wulitʃnij ruh]
semáforo (m)	світлофор (ч)	[switlo'fɔr]
transporte (m) público	міський транспорт (ч)	[misˈ'kij 'transport]
cruzamento (m)	перехрестя (c)	[pɛrɛh'rɛstˈa]
faixa (f)	пішохідний перехід (ч)	[piʃo'hidnij pɛrɛ'hid]
túnel (m) subterrâneo	підземний перехід (ч)	[pi'dzɛmnij pɛrɛ'hid]
cruzar, atravessar (vt)	переходити	[pɛrɛ'hɔditi]
pedestre (m)	пішохід (ч)	[piʃo'hid]
calçada (f)	тротуар (ч)	[trotu'ar]
ponte (f)	міст (ч)	[mist]
margem (f) do rio	набережна (ж)	['nabɛrɛʒna]
fonte (f)	фонтан (ч)	[fon'tan]
alameda (f)	алея (ж)	[a'lɛˈa]
parque (m)	парк (ч)	[park]
bulevar (m)	бульвар (ч)	[bulˈ'war]
praça (f)	площа (ж)	['plɔɕa]
avenida (f)	проспект (ч)	[pros'pɛkt]
rua (f)	вулиця (ж)	['wulitsˈa]
travessa (f)	провулок (ч)	[pro'wulok]
beco (m) sem saída	глухий кут (ч)	[ɦlu'hij kut]
casa (f)	будинок (ч)	[bu'dinok]
edifício, prédio (m)	споруда (ж)	[spo'ruda]
arranha-céu (m)	хмарочос (ч)	[hmaro'tʃɔs]
fachada (f)	фасад (ч)	[fa'sad]
telhado (m)	дах (ч)	[dah]

janela (f)	вікно (c)	[wik'nɔ]
arco (m)	арка (ж)	['arka]
coluna (f)	колона (ж)	[ko'lɔna]
esquina (f)	ріг (ч)	[riɦ]

vitrine (f)	вітрина (ж)	[wi'trina]
letreiro (m)	вивіска (ж)	['wiwiska]
cartaz (do filme, etc.)	афіша (ж)	[a'fiʃa]
cartaz (m) publicitário	рекламний плакат (ч)	[rɛk'lamnij pla'kat]
painel (m) publicitário	рекламний щит (ч)	[rɛk'lamnij ɕit]

lixo (m)	сміття (c)	[smit'tʲa]
lata (f) de lixo	урна (ж)	['urna]
jogar lixo na rua	смітити	[smi'titi]
aterro (m) sanitário	смітник (ч)	[smit'nik]

orelhão (m)	телефонна будка (ж)	[tɛlɛ'fɔna 'budka]
poste (m) de luz	ліхтарний стовп (ч)	[lih'tarnij stowp]
banco (m)	лавка (ж)	['lawka]

polícia (f)	поліцейський (ч)	[poli'tsɛjsʲkij]
polícia (instituição)	поліція (ж)	[po'litsiʲa]
mendigo, pedinte (m)	жебрак (ч)	[ʒɛb'rak]
desabrigado (m)	безпритульний (ч)	[bɛzpri'tulʲnij]

54. Instituições urbanas

loja (f)	магазин (ч)	[maɦa'zin]
drogaria (f)	аптека (ж)	[ap'tɛka]
ótica (f)	оптика (ж)	['ɔptika]
centro (m) comercial	торгівельний центр (ч)	[torɦi'wɛlʲnij 'tsɛntr]
supermercado (m)	супермаркет (ч)	[supɛr'markɛt]

padaria (f)	пекарня (ж)	[pɛ'karnʲa]
padeiro (m)	пекар (ч)	['pɛkar]
pastelaria (f)	кондитерська (ж)	[kon'ditɛrsʲka]
mercearia (f)	бакалія (ж)	[baka'liʲa]
açougue (m)	м'ясний магазин (ч)	[mʲʲas'nij maɦa'zin]

| fruteira (f) | овочевий магазин (ч) | [owo'tʃɛwij maɦa'zin] |
| mercado (m) | ринок (ч) | ['rinok] |

cafeteria (f)	кав'ярня (ж)	[ka'wʲʲarnʲa]
restaurante (m)	ресторан (ч)	[rɛsto'ran]
bar (m)	пивна (ж)	[piw'na]
pizzaria (f)	піцерія (ж)	[pitsɛ'riʲa]

salão (m) de cabeleireiro	перукарня (ж)	[pɛru'karnʲa]
agência (f) dos correios	пошта (ж)	['pɔʃta]
lavanderia (f)	хімчистка (ж)	[him'tʃistka]
estúdio (m) fotográfico	фотоательє (c)	[fotoatɛ'ljɛ]

| sapataria (f) | взуттєвий магазин (ч) | [wzut'tɛwij maɦa'zin] |
| livraria (f) | книгарня (ж) | [kni'ɦarnʲa] |

loja (f) de artigos esportivos	спортивний магазин (ч)	[spor'tiwnij maĥa'zin]
costureira (m)	ремонт (ч) одягу	[rɛ'mɔnt 'ɔdʲaĥu]
aluguel (m) de roupa	прокат (ч) одягу	[pro'kat 'ɔdʲaĥu]
videolocadora (f)	прокат (ч) фільмів	[pro'kat 'filʲmiw]

circo (m)	цирк (ч)	[tsirk]
jardim (m) zoológico	зоопарк (ч)	[zoo'park]
cinema (m)	кінотеатр (ч)	[kinotɛ'atr]
museu (m)	музей (ч)	[mu'zɛj]
biblioteca (f)	бібліотека (ж)	[biblio'tɛka]

teatro (m)	театр (ч)	[tɛ'atr]
ópera (f)	опера (ж)	['ɔpɛra]
boate (casa noturna)	нічний клуб (ч)	[nitʃ'nij klub]
cassino (m)	казино (с)	[kazi'nɔ]

mesquita (f)	мечеть (ж)	[mɛ'tʃɛtʲ]
sinagoga (f)	синагога (ж)	[sina'ĥoĥa]
catedral (f)	собор (ч)	[so'bɔr]
templo (m)	храм (ч)	[hram]
igreja (f)	церква (ж)	['tsɛrkwa]

faculdade (f)	інститут (ч)	[insti'tut]
universidade (f)	університет (ч)	[uniwɛrsi'tɛt]
escola (f)	школа (ж)	['ʃkɔla]

prefeitura (f)	префектура (ж)	[prɛfɛk'tura]
câmara (f) municipal	мерія (ж)	['mɛrʲia]
hotel (m)	готель (ч)	[ĥo'tɛlʲ]
banco (m)	банк (ч)	[bank]

embaixada (f)	посольство (с)	[po'sɔlʲstwo]
agência (f) de viagens	турагентство (с)	[tura'ĥɛntstwo]
agência (f) de informações	довідкове бюро (с)	[dowid'kɔwɛ bʲu'rɔ]
casa (f) de câmbio	обмінний пункт (ч)	[ob'minij punkt]

| metrô (m) | метро (с) | [mɛt'rɔ] |
| hospital (m) | лікарня (ж) | [li'karnʲa] |

| posto (m) de gasolina | автозаправка (ж) | [awtoza'prawka] |
| parque (m) de estacionamento | автостоянка (ж) | [awtosto'ʲanka] |

55. Sinais

letreiro (m)	вивіска (ж)	['wiwiska]
aviso (m)	напис (ч)	['napis]
cartaz, pôster (m)	плакат (ч)	[pla'kat]
placa (f) de direção	вказівник (ч)	[wkaziw'nik]
seta (f)	стрілка (ж)	['strilka]

aviso (advertência)	застереження (с)	[zastɛ'rɛʒɛnʲa]
sinal (m) de aviso	попередження (с)	[popɛ'rɛdʒɛnʲa]
avisar, advertir (vt)	попереджувати	[popɛ'rɛdʒuwati]
dia (m) de folga	вихідний день (ч)	[wihid'nij dɛnʲ]

horário (~ dos trens, etc.)	розклад (ч)	['rɔzklad]
horário (m)	години (мн) роботи	[ɦo'dɨnɨ ro'bɔtɨ]

BEM-VINDOS!	ЛАСКАВО ПРОСИМО!	[las'kawo 'prɔsɨmo]
ENTRADA	ВХІД	[whid]
SAÍDA	ВИХІД	['wɨhid]

EMPURRE	ВІД СЕБЕ	[wid 'sɛbɛ]
PUXE	ДО СЕБЕ	[do 'sɛbɛ]
ABERTO	ВІДЧИНЕНО	[wid'ʧɨnɛno]
FECHADO	ЗАЧИНЕНО	[za'ʧɨnɛno]

MULHER	ДЛЯ ЖІНОК	[dlʲa ʒi'nɔk]
HOMEM	ДЛЯ ЧОЛОВІКІВ	[dlʲa ʧolowi'kiw]

DESCONTOS	ЗНИЖКИ	['znɨʒkɨ]
SALDOS, PROMOÇÃO	РОЗПРОДАЖ	[rozp'rɔdaʒ]
NOVIDADE!	НОВИНКА!	[no'wɨnka]
GRÁTIS	БЕЗКОШТОВНО	[bɛzkoʃ'tɔwno]

ATENÇÃO!	УВАГА!	[u'waɦa]
NÃO HÁ VAGAS	МІСЦЬ НЕМАЄ	[misʦ nɛ'maɛ]
RESERVADO	ЗАРЕЗЕРВОВАНО	[zarɛzɛr'wɔwano]

ADMINISTRAÇÃO	АДМІНІСТРАЦІЯ	[admini'straʦiʲa]
SOMENTE PESSOAL AUTORIZADO	ТІЛЬКИ ДЛЯ ПЕРСОНАЛУ	['tilʲkɨ dlʲa pɛrso'nalu]

CUIDADO CÃO FEROZ	ОБЕРЕЖНО! ЗЛИЙ ПЕС	[obɛ'rɛʒno! zlɨj pɛs]
PROIBIDO FUMAR!	ПАЛИТИ ЗАБОРОНЕНО	[pa'litɨ zabo'rɔnɛno]
NÃO TOCAR	НЕ ТОРКАТИСЯ!	[nɛ tor'katɨsʲa]

PERIGOSO	НЕБЕЗПЕЧНО	[nɛbɛz'pɛʧno]
PERIGO	НЕБЕЗПЕКА	[nɛbɛz'pɛka]
ALTA TENSÃO	ВИСОКА НАПРУГА	[wɨ'sɔka na'pruɦa]
PROIBIDO NADAR	КУПАТИСЯ ЗАБОРОНЕНО	[ku'patɨsʲa zabo'rɔnɛno]
COM DEFEITO	НЕ ПРАЦЮЄ	[nɛ pra'tsʲuɛ]

INFLAMÁVEL	ВОГНЕНЕБЕЗПЕЧНО	[woɦnɛnɛbɛz'pɛʧno]
PROIBIDO	ЗАБОРОНЕНО	[zabo'rɔnɛno]
ENTRADA PROIBIDA	ПРОХІД ЗАБОРОНЕНО	[pro'hid zabo'rɔnɛno]
CUIDADO TINTA FRESCA	ПОФАРБОВАНО	[pofar'bowano]

56. Transportes urbanos

ônibus (m)	автобус (ч)	[aw'tɔbus]
bonde (m) elétrico	трамвай (ч)	[tram'waj]
trólebus (m)	тролейбус (ч)	[tro'lɛjbus]
rota (f), itinerário (m)	маршрут (ч)	[marʃ'rut]
número (m)	номер (ч)	['nɔmɛr]

ir de ... (carro, etc.)	їхати на...	['jihatɨ na]
entrar no ...	сісти	['sisti]
descer do ...	вийти	['wɨjtɨ]

parada (f)	зупинка (ж)	[zu'pinka]
próxima parada (f)	наступна зупинка (ж)	[na'stupna zu'pinka]
terminal (m)	кінцева зупинка (ж)	[kin'ʦɛwa zu'pinka]
horário (m)	розклад (ч)	['rɔzklad]
esperar (vt)	чекати	[ʧɛ'kati]

| passagem (f) | квиток (ч) | [kwi'tɔk] |
| tarifa (f) | вартість (ж) квитка | ['wartistⁱ kwit'ka] |

bilheteiro (m)	касир (ч)	[ka'sir]
controle (m) de passagens	контроль (ч)	[kon'trɔlʲ]
revisor (m)	контролер (ч)	[kontro'lɛr]

atrasar-se (vr)	запізнюватися	[za'piznʲuwatisⁱa]
perder (o autocarro, etc.)	спізнитися	[spiz'nitisⁱa]
estar com pressa	поспішати	[pospi'ʃati]

táxi (m)	таксі (c)	[tak'si]
taxista (m)	таксист (ч)	[tak'sist]
de táxi (ir ~)	на таксі	[na tak'si]
ponto (m) de táxis	стоянка таксі	[stoʲʲanka tak'si]
chamar um táxi	викликати таксі	['wiklikati tak'si]
pegar um táxi	взяти таксі	['wzⁱati tak'si]

tráfego (m)	вуличний рух (ч)	['wuliʧnij ruh]
engarrafamento (m)	затор (ч)	[za'tɔr]
horas (f pl) de pico	години (мн) пік	[ɦo'dini pik]
estacionar (vi)	паркуватися	[parku'watisⁱa]
estacionar (vt)	паркувати	[parku'wati]
parque (m) de estacionamento	стоянка (ж)	[stoʲʲanka]

metrô (m)	метро (c)	[mɛt'rɔ]
estação (f)	станція (ж)	['stanʦiⁱa]
ir de metrô	їхати в метро	['jihati w mɛt'rɔ]
trem (m)	поїзд (ч)	['pɔjizd]
estação (f) de trem	вокзал (ч)	[wok'zal]

57. Turismo

monumento (m)	пам'ятник (ч)	['pamⁱʲatnik]
fortaleza (f)	фортеця (ж)	[for'tɛʦⁱa]
palácio (m)	палац (ч)	[pa'laʦ]
castelo (m)	замок (ч)	['zamok]
torre (f)	вежа (ж)	['wɛʒa]
mausoléu (m)	мавзолей (ч)	[mawzo'lɛj]

arquitetura (f)	архітектура (ж)	[arhitɛk'tura]
medieval (adj)	середньовічний	[sɛrɛdnʲo'wiʧnij]
antigo (adj)	старовинний	[staro'winij]
nacional (adj)	національний	[naʦio'nalʲnij]
famoso, conhecido (adj)	відомий	[wi'dɔmij]

| turista (m) | турист (ч) | [tu'rist] |
| guia (pessoa) | гід (ч) | [ɦid] |

excursão (f)	екскурсія (ж)	[ɛks'kursiˈa]
mostrar (vt)	показувати	[po'kazuwatɨ]
contar (vt)	розповідати	[rozpowi'datɨ]

encontrar (vt)	знайти	[znaj'tɨ]
perder-se (vr)	загубитися	[zaɦu'bɨtisˈa]
mapa (~ do metrô)	схема (ж)	['sɦɛma]
mapa (~ da cidade)	план (ч)	[plan]

lembrança (f), presente (m)	сувенір (ч)	[suwɛ'nir]
loja (f) de presentes	магазин (ч) сувенірів	[maɦa'zɨn suwɛ'niriw]
tirar fotos, fotografar	фотографувати	[fotoɦrafu'watɨ]
fotografar-se (vr)	фотографуватися	[fotoɦrafu'watisˈa]

58. Compras

comprar (vt)	купляти	[kup'lˈatɨ]
compra (f)	покупка (ж)	[po'kupka]
fazer compras	робити покупки	[ro'bɨtɨ po'kupkɨ]
compras (f pl)	шопінг (ч)	['ʃopinɦ]

estar aberta (loja)	працювати	[pratsˈu'watɨ]
estar fechada	зачинитися	[zatʃi'nitisˈa]

calçado (m)	взуття (с)	[wzut'tˈa]
roupa (f)	одяг (ч)	['ɔdˈaɦ]
cosméticos (m pl)	косметика (ж)	[kos'mɛtika]
alimentos (m pl)	продукти (мн)	[pro'duktɨ]
presente (m)	подарунок (ч)	[poda'runok]

vendedor (m)	продавець (ч)	[proda'wɛts]
vendedora (f)	продавщиця (ж)	[prodaw'ʦitsˈa]

caixa (f)	каса (ж)	['kasa]
espelho (m)	дзеркало (с)	['dzɛrkalo]
balcão (m)	прилавок (ч)	[pri'lawok]
provador (m)	примірочна (ж)	[pri'mirotʃna]

provar (vt)	приміряти	[pri'mirˈatɨ]
servir (roupa, caber)	пасувати	[pasu'watɨ]
gostar (apreciar)	подобатися	[po'dɔbatisˈa]

preço (m)	ціна (ж)	[tsi'na]
etiqueta (f) de preço	цінник (ч)	['tsinɨk]
custar (vt)	коштувати	['kɔʃtuwatɨ]
Quanto?	Скільки?	['skilˈkɨ]
desconto (m)	знижка (ж)	['znɨʒka]

não caro (adj)	недорогий	[nɛdoro'ɦij]
barato (adj)	дешевий	[dɛ'ʃɛwij]
caro (adj)	дорогий	[doro'ɦij]
É caro	Це дорого.	[tsɛ 'dɔroɦo]
aluguel (m)	прокат (ч)	[pro'kat]
alugar (roupas, etc.)	взяти напрокат	['wzˈatɨ napro'kat]

crédito (m)	кредит (ч)	[krɛ'dit]
a crédito	в кредит	[w krɛ'dit]

59. Dinheiro

dinheiro (m)	гроші (мн)	['ɦrɔʃi]
câmbio (m)	обмін (ч)	['ɔbmin]
taxa (f) de câmbio	курс (ч)	[kurs]
caixa (m) eletrônico	банкомат (ч)	[banko'mat]
moeda (f)	монета (ж)	[mo'nɛta]
dólar (m)	долар (ч)	['dɔlar]
euro (m)	євро (с)	['ɛwro]
lira (f)	італійська ліра (ж)	[ita'lijsʲka 'lira]
marco (m)	марка (ж)	['marka]
franco (m)	франк (ч)	['frank]
libra (f) esterlina	фунт (ч)	['funt]
iene (m)	єна (ж)	['ɛna]
dívida (f)	борг (ч)	['bɔrɦ]
devedor (m)	боржник (ч)	[borʒ'nik]
emprestar (vt)	позичити	[po'zitʃiti]
pedir emprestado	взяти в борг	['wzʲati w borɦ]
banco (m)	банк (ч)	[bank]
conta (f)	рахунок (ч)	[ra'hunok]
depositar (vt)	покласти	[pok'lasti]
depositar na conta	покласти на рахунок	[pok'lasti na ra'hunok]
sacar (vt)	зняти з рахунку	['znʲati z ra'hunku]
cartão (m) de crédito	кредитна картка (ж)	[krɛ'ditna 'kartka]
dinheiro (m) vivo	готівка (ж)	[ɦo'tiwka]
cheque (m)	чек (ч)	[tʃɛk]
passar um cheque	виписати чек	['wipisati 'tʃɛk]
talão (m) de cheques	чекова книжка (ж)	['tʃɛkowa 'kniʒka]
carteira (f)	портмоне (с)	[portmo'nɛ]
niqueleira (f)	гаманець (ч)	[ɦama'nɛts]
cofre (m)	сейф (ч)	[sɛjf]
herdeiro (m)	спадкоємець (ч)	[spadko'ɛmɛts]
herança (f)	спадщина (ж)	['spadɕina]
fortuna (riqueza)	статок (ч)	['statok]
arrendamento (m)	оренда (ж)	[o'rɛnda]
aluguel (pagar o ~)	квартирна плата (ж)	[kwar'tirna 'plata]
alugar (vt)	зняти	['znʲati]
preço (m)	ціна (ж)	[tsi'na]
custo (m)	вартість (ж)	['wartistʲ]
soma (f)	сума (ж)	['suma]
gastar (vt)	витрачати	[witra'tʃati]
gastos (m pl)	витрати (мн)	['witrati]

| economizar (vi) | економити | [ɛko'nɔmiti] |
| econômico (adj) | економний | [ɛko'nɔmnij] |

pagar (vt)	платити	[pla'titi]
pagamento (m)	оплата (ж)	[op'lata]
troco (m)	решта (ж)	['rɛʃta]

imposto (m)	податок (ч)	[po'datok]
multa (f)	штраф (ч)	[ʃtraf]
multar (vt)	штрафувати	[ʃtrafu'wati]

60. Correios. Serviço postal

agência (f) dos correios	пошта (ж)	['pɔʃta]
correio (m)	пошта (ж)	['pɔʃta]
carteiro (m)	листоноша (ч)	[listo'nɔʃa]
horário (m)	години (мн) роботи	[ɦo'dini ro'bɔti]

carta (f)	лист (ч)	[list]
carta (f) registada	рекомендований лист (ч)	[rɛkomɛn'dɔwanij list]
cartão (m) postal	листівка (ж)	[lis'tiwka]
telegrama (m)	телеграма (ж)	[tɛlɛ'ɦrama]
encomenda (f)	посилка (ж)	[po'silka]
transferência (f) de dinheiro	грошовий переказ (ч)	[ɦroʃo'wij pɛ'rɛkaz]

receber (vt)	отримати	[ot'rimati]
enviar (vt)	відправити	[wid'prawiti]
envio (m)	відправлення (с)	[wid'prawlɛnja]

endereço (m)	адреса (ж)	[ad'rɛsa]
código (m) postal	індекс (ч)	['indɛks]
remetente (m)	відправник (ч)	[wid'prawnik]
destinatário (m)	одержувач (ч)	[o'dɛrʒuwatʃ]

| nome (m) | ім'я (с) | [i'mʲja] |
| sobrenome (m) | прізвище (с) | ['prizwiɕɛ] |

tarifa (f)	тариф (ч)	[ta'rif]
ordinário (adj)	звичайний	[zwi'tʃajnij]
econômico (adj)	економічний	[ɛkono'mitʃnij]

peso (m)	вага (ж)	[wa'ɦa]
pesar (estabelecer o peso)	зважувати	['zwaʒuwati]
envelope (m)	конверт (ч)	[kon'wɛrt]
selo (m) postal	марка (ж)	['marka]
colar o selo	приклеювати марку	[prik'lɛʲuwati 'marku]

Moradia. Casa. Lar

61. Casa. Eletricidade

eletricidade (f)	електрика (ж)	[ε'lɛktrika]
lâmpada (f)	лампочка (ж)	['lampotʃka]
interruptor (m)	вимикач (ч)	[wimi'katʃ]
fusível, disjuntor (m)	пробка (ж)	['prɔbka]
fio, cabo (m)	провід (ч)	['prɔwid]
instalação (f) elétrica	проводка (ж)	[pro'wɔdka]
medidor (m) de eletricidade	лічильник (ч)	[liˈtʃilʲnik]
indicação (f), registro (m)	показання (с)	[pokaˈzanʲa]

62. Moradia. Mansão

casa (f) de campo	будинок (ч) за містом	[buˈdinok za ˈmistom]
vila (f)	вілла (ж)	['willa]
ala (~ do edifício)	крило (с)	[kri'lɔ]
jardim (m)	сад (ч)	[sad]
parque (m)	парк (ч)	[park]
estufa (f)	оранжерея (ж)	[oranʒɛ'rɛʲa]
cuidar de ...	доглядати	[doɦlʲa'dati]
piscina (f)	басейн (ч)	[ba'sɛjn]
academia (f) de ginástica	спортивний зал (ч)	[spor'tiwnij 'zal]
quadra (f) de tênis	тенісний корт (ч)	['tɛnisnij 'kɔrt]
cinema (m)	кінотеатр (ч)	[kinotɛ'atr]
garagem (f)	гараж (ч)	[ɦa'raʒ]
propriedade (f) privada	приватна власність (ж)	[pri'watna 'wlasnistʲ]
terreno (m) privado	приватні володіння (мн)	[pri'watni wolo'dinʲa]
advertência (f)	попередження (с)	[popɛ'rɛdʒɛnʲa]
sinal (m) de aviso	попереджувальний напис (ч)	[popɛ'rɛdʒuwalʲnij 'napis]
guarda (f)	охорона (ж)	[oho'rɔna]
guarda (m)	охоронник (ч)	[oho'rɔnik]
alarme (m)	сигналізація (ж)	[siɦnali'zatsiʲa]

63. Apartamento

apartamento (m)	квартира (ж)	[kwar'tira]
quarto, cômodo (m)	кімната (ж)	[kim'nata]

quarto (m) de dormir	спальня (ж)	['spalʲnʲa]
sala (f) de jantar	їдальня (ж)	['jidalʲnʲa]
sala (f) de estar	вітальня (ж)	[wi'talʲnʲa]
escritório (m)	кабінет (ч)	[kabi'nɛt]

sala (f) de entrada	передпокій (ч)	[pɛrɛd'pokij]
banheiro (m)	ванна кімната (ж)	['wana kim'nata]
lavabo (m)	туалет (ч)	[tua'lɛt]

teto (m)	стеля (ж)	['stɛlʲa]
chão, piso (m)	підлога (ж)	[pid'loɦa]
canto (m)	куток (ч)	[ku'tɔk]

64. Mobiliário. Interior

mobiliário (m)	меблі (мн)	['mɛbli]
mesa (f)	стіл (ч)	[stil]
cadeira (f)	стілець (ч)	[sti'lɛts]
cama (f)	ліжко (c)	['liʒko]
sofá, divã (m)	диван (ч)	[di'wan]
poltrona (f)	крісло (c)	['krislo]

estante (f)	шафа (ж)	['ʃafa]
prateleira (f)	полиця (ж)	[po'litsʲa]

guarda-roupas (m)	шафа (ж)	['ʃafa]
cabide (m) de parede	вішалка (ж)	['wiʃalka]
cabideiro (m) de pé	вішак (ч)	[wi'ʃak]

cômoda (f)	комод (ч)	[ko'mɔd]
mesinha (f) de centro	журнальний столик (ч)	[ʒur'nalʲnij 'stɔlik]

espelho (m)	дзеркало (c)	['dzɛrkalo]
tapete (m)	килим (ч)	['kilim]
tapete (m) pequeno	килимок (ч)	[kili'mɔk]

lareira (f)	камін (ч)	[ka'min]
vela (f)	свічка (ж)	['switʃka]
castiçal (m)	свічник (ч)	[switʃ'nik]

cortinas (f pl)	штори (мн)	['ʃtori]
papel (m) de parede	шпалери (мн)	[ʃpa'lɛri]
persianas (f pl)	жалюзі (мн)	['ʒalʲuzi]

luminária (f) de mesa	настільна лампа (ж)	[na'stilʲna 'lampa]
luminária (f) de parede	світильник (ч)	[swi'tilʲnik]

abajur (m) de pé	торшер (ч)	[tor'ʃɛr]
lustre (m)	люстра (ж)	['lʲustra]

pé (de mesa, etc.)	ніжка (ж)	['niʒka]
braço, descanso (m)	підлокітник (ч)	[pidlo'kitnik]
costas (f pl)	спинка (ж)	['spinka]
gaveta (f)	шухляда (ж)	[ʃuh'lʲada]

65. Quarto de dormir

roupa (f) de cama	білизна (ж)	[bi'lizna]
travesseiro (m)	подушка (ж)	[po'duʃka]
fronha (f)	наволочка (ж)	['nawolotʃka]
cobertor (m)	ковдра (ж)	['kɔwdra]
lençol (m)	простирадло (с)	[prosti'radlo]
colcha (f)	покривало (с)	[pokri'walo]

66. Cozinha

cozinha (f)	кухня (ж)	['kuhnʲa]
gás (m)	газ (ч)	[ɦaz]
fogão (m) a gás	плита (ж) газова	[pliˈta 'ɦazowa]
fogão (m) elétrico	плита (ж) електрична	[pliˈta ɛlɛktˈritʃna]
forno (m)	духовка (ж)	[du'hɔwka]
forno (m) de micro-ondas	мікрохвильова піч (ж)	[mikrohwilʲoˈwa pitʃ]
geladeira (f)	холодильник (ч)	[holo'dilʲnik]
congelador (m)	морозильник (ч)	[moro'zilʲnik]
máquina (f) de lavar louça	посудомийна машина (ж)	[posudoˈmijna ma'ʃina]
moedor (m) de carne	м'ясорубка (ж)	[mʲaso'rubka]
espremedor (m)	соковижималка (ж)	[sokowiʒiˈmalka]
torradeira (f)	тостер (ч)	['tɔstɛr]
batedeira (f)	міксер (ч)	['miksɛr]
máquina (f) de café	кавоварка (ж)	[kawo'warka]
cafeteira (f)	кавник (ч)	[kaw'nik]
moedor (m) de café	кавомолка (ж)	[kawo'mɔlka]
chaleira (f)	чайник (ч)	['tʃajnik]
bule (m)	заварник (ч)	[za'warnik]
tampa (f)	кришка (ж)	['kriʃka]
coador (m) de chá	ситечко (с)	['sitɛtʃko]
colher (f)	ложка (ж)	['lɔʒka]
colher (f) de chá	чайна ложка (ж)	['tʃajna 'lɔʒka]
colher (f) de sopa	столова ложка (ж)	[sto'lowa 'lɔʒka]
garfo (m)	виделка (ж)	[wi'dɛlka]
faca (f)	ніж (ч)	[niʒ]
louça (f)	посуд (ч)	['pɔsud]
prato (m)	тарілка (ж)	[ta'rilka]
pires (m)	блюдце (с)	['blʲudtsɛ]
cálice (m)	чарка (ж)	['tʃarka]
copo (m)	склянка (ж)	['sklʲanka]
xícara (f)	чашка (ж)	['tʃaʃka]
açucareiro (m)	цукорниця (ж)	['tsukornitsʲa]
saleiro (m)	сільничка (ж)	[silʲ'nitʃka]
pimenteiro (m)	перечниця (ж)	['pɛretʃnitsʲa]

manteigueira (f)	маслянка (ж)	['maslʲanka]
panela (f)	каструля (ж)	[kas'trulʲa]
frigideira (f)	сковорідка (ж)	[skowo'ridka]
concha (f)	черпак (ч)	[tʃɛr'pak]
coador (m)	друшляк (ч)	[druʃ'lʲak]
bandeja (f)	піднос (ч)	[pid'nɔs]
garrafa (f)	пляшка (ж)	['plʲaʃka]
pote (m) de vidro	банка (ж)	['banka]
lata (~ de cerveja)	бляшанка (ж)	[blʲa'ʃanka]
abridor (m) de garrafa	відкривачка (ж)	[widkri'watʃka]
abridor (m) de latas	відкривачка (ж)	[widkri'watʃka]
saca-rolhas (m)	штопор (ч)	['ʃtɔpor]
filtro (m)	фільтр (ч)	['filʲtr]
filtrar (vt)	фільтрувати	[filʲtru'wati]
lixo (m)	сміття (c)	[smit'tʲa]
lixeira (f)	відро (c) для сміття	[wid'ro dlʲa smit'tʲa]

67. Casa de banho

banheiro (m)	ванна кімната (ж)	['wana kim'nata]
água (f)	вода (ж)	[wo'da]
torneira (f)	кран (ч)	[kran]
água (f) quente	гаряча вода (ж)	[ha'rʲatʃa wo'da]
água (f) fria	холодна вода (ж)	[ho'lɔdna wo'da]
pasta (f) de dente	зубна паста (ж)	[zub'na 'pasta]
escovar os dentes	чистити зуби	['tʃistiti 'zubi]
escova (f) de dente	зубна щітка (ж)	[zub'na 'ɕitka]
barbear-se (vr)	голитися	[ɦo'litisʲa]
espuma (f) de barbear	піна (ж) для гоління	['pina dlʲa ɦo'linʲa]
gilete (f)	бритва (ж)	['britwa]
lavar (vt)	мити	['miti]
tomar banho	митися	['mitisʲa]
chuveiro (m), ducha (f)	душ (ч)	[duʃ]
tomar uma ducha	приймати душ	[prij'mati duʃ]
banheira (f)	ванна (ж)	['wana]
vaso (m) sanitário	унітаз (ч)	[uni'taz]
pia (f)	раковина (ж)	['rakowina]
sabonete (m)	мило (c)	['miɫo]
saboneteira (f)	мильниця (ж)	['miɫʲnitsʲa]
esponja (f)	губка (ж)	['ɦubka]
xampu (m)	шампунь (ч)	[ʃam'punʲ]
toalha (f)	рушник (ч)	[ruʃ'nik]
roupão (m) de banho	халат (ч)	[ha'lat]
lavagem (f)	прання (c)	[pra'nʲa]
lavadora (f) de roupas	пральна машина (ж)	['pralʲna ma'ʃina]

lavar a roupa	прати білизну	['prati bi'liznu]
detergente (m)	пральний порошок (ч)	['pralʲnij poro'ʃɔk]

68. Eletrodomésticos

televisor (m)	телевізор (ч)	[tɛlɛ'wizor]
gravador (m)	магнітофон (ч)	[maɦnito'fɔn]
videogravador (m)	відеомагнітофон (ч)	['widɛo maɦnito'fɔn]
rádio (m)	приймач (ч)	[prij'matʃ]
leitor (m)	плеєр (ч)	['plɛɛr]
projetor (m)	відеопроектор (ч)	['widɛo pro'ɛktor]
cinema (m) em casa	домашній кінотеатр (ч)	[do'maʃnij kinotɛ'atr]
DVD Player (m)	програвач (ч) DVD	[proɦra'watʃ diwi'di]
amplificador (m)	підсилювач (ч)	[pid'silʲuwatʃ]
console (f) de jogos	гральна приставка (ж)	['ɦralʲna pri'stawka]
câmera (f) de vídeo	відеокамера (ж)	['widɛo 'kamɛra]
máquina (f) fotográfica	фотоапарат (ч)	[fotoapa'rat]
câmera (f) digital	цифровий фотоапарат (ч)	[tsifro'wij fotoapa'rat]
aspirador (m)	пилосос (ч)	[piɫo'sɔs]
ferro (m) de passar	праска (ж)	['praska]
tábua (f) de passar	дошка (ж) для прасування	['dɔʃka dlʲa prasu'wanʲa]
telefone (m)	телефон (ч)	[tɛlɛ'fɔn]
celular (m)	мобільний телефон (ч)	[mo'bilʲnij tɛlɛ'fɔn]
máquina (f) de escrever	писемна машинка (ж)	[pi'sɛmna ma'ʃinka]
máquina (f) de costura	швейна машинка (ж)	['ʃwɛjna ma'ʃinka]
microfone (m)	мікрофон (ч)	[mikro'fɔn]
fone (m) de ouvido	навушники (мн)	[na'wuʃniki]
controle remoto (m)	пульт (ч)	[pulʲt]
CD (m)	CD-диск (ч)	[si'di disk]
fita (f) cassete	касета (ж)	[ka'sɛta]
disco (m) de vinil	платівка (ж)	[pla'tiwka]

ATIVIDADES HUMANAS

Emprego. Negócios. Parte 1

escritório (~ de advogados)	офіс (ч)	['ɔfis]
escritório (do diretor, etc.)	кабінет (ч)	[kabi'nɛt]
recepção (f)	ресепшн (ч)	[rɛ'sɛpʃn]
secretário (m)	секретар (ч)	[sɛkrɛ'tar]
secretária (f)	секретарка (ж)	[sɛkrɛ'tarka]
diretor (m)	директор (ч)	[diˈrɛktor]
gerente (m)	менеджер (ч)	['mɛnɛdʒɛr]
contador (m)	бухгалтер (ч)	[buh'ɦaltɛr]
empregado (m)	робітник (ч)	[ro'bitnik]
mobiliário (m)	меблі (мн)	['mɛbli]
mesa (f)	стіл (ч)	[stil]
cadeira (f)	крісло (с)	['krislo]
gaveteiro (m)	тумбочка (ж)	['tumbotʃka]
cabideiro (m) de pé	вішак (ч)	[wi'ʃak]
computador (m)	комп'ютер (ч)	[kom'pʲlutɛr]
impressora (f)	принтер (ч)	['printɛr]
fax (m)	факс (ч)	[faks]
fotocopiadora (f)	копіювальний апарат (ч)	[kopiʲu'walʲnij apa'rat]
papel (m)	папір (ч)	[pa'pir]
artigos (m pl) de escritório	канцелярське приладдя (с)	[kantsɛ'lʲʲarsʲkɛ pri'laddʲa]
tapete (m) para mouse	килимок (ч) для миші	[kili'mok dlʲa 'miʃi]
folha (f)	аркуш (ч)	['arkuʃ]
pasta (f)	папка (ж)	['papka]
catálogo (m)	каталог (ч)	[kata'lɔɦ]
lista (f) telefônica	довідник (ч)	[do'widnik]
documentação (f)	документація (ж)	[dokumɛn'tatsiʲa]
brochura (f)	брошура (ж)	[bro'ʃura]
panfleto (m)	листівка (ж)	[lis'tiwka]
amostra (f)	зразок (ч)	[zra'zɔk]
formação (f)	тренінг (ч)	['trɛninɦ]
reunião (f)	нарада (ж)	[na'rada]
hora (f) de almoço	перерва (ж) на обід	[pɛ'rɛrwa na o'bid]
fazer uma cópia	робити копію	[ro'biti 'kɔpiʲu]
tirar cópias	розмножити	[rozm'nɔʒiti]
receber um fax	отримувати факс	[ot'rimuwati faks]
enviar um fax	відправити факс	[wid'prawiti faks]

fazer uma chamada	зателефонувати	[zatɛlɛfonu'watɨ]
responder (vt)	відповісти	[widpo'wisti]
passar (vt)	з'єднати	[z'ɛd'nati]

marcar (vt)	призначити	[priz'natʃiti]
demonstrar (vt)	демонструвати	[dɛmonstru'watɨ]
estar ausente	бути відсутнім	['butɨ wid'sutnim]
ausência (f)	пропуск (ч)	['prɔpusk]

70. Processos negociais. Parte 1

negócio (m)	справа (ж), бізнес (ч)	['sprawa], ['biznɛs]
ocupação (f)	справа (ж)	['sprawa]
firma, empresa (f)	фірма (ж)	['firma]
companhia (f)	компанія (ж)	[kom'paniˈa]
corporação (f)	корпорація (ж)	[korpo'ratsiˈa]
empresa (f)	підприємство (с)	[pidpri'ɛmstwo]
agência (f)	агентство (с)	[a'ɦɛntstwo]

acordo (documento)	договір (ч)	['dɔɦowir]
contrato (m)	контракт (ч)	[kon'trakt]
acordo (transação)	угода (ж)	[u'ɦɔda]
pedido (m)	замовлення (с)	[za'mɔwlɛnˈa]
termos (m pl)	умова (ж)	[u'mɔwa]

por atacado	оптом	['ɔptom]
por atacado (adj)	оптовий	[op'tɔwɨj]
venda (f) por atacado	оптова торгівля (ж)	[op'tɔwa tor'ɦiwlˈa]
a varejo	роздрібний	[rozd'ribnɨj]
venda (f) a varejo	продаж (ч) в роздріб	['prɔdaʒ w 'rɔzdrib]

concorrente (m)	конкурент (ч)	[konku'rɛnt]
concorrência (f)	конкуренція (ж)	[konku'rɛntsiˈa]
competir (vi)	конкурувати	[konkuru'watɨ]

sócio (m)	партнер (ч)	[part'nɛr]
parceria (f)	партнерство (с)	[part'nɛrstwo]

crise (f)	криза (ж)	['kriza]
falência (f)	банкрутство (с)	[ban'krutstwo]
entrar em falência	збанкрутувати	[zbankrutu'watɨ]
dificuldade (f)	складність (ж)	['skladnistˈ]
problema (m)	проблема (ж)	[prob'lɛma]
catástrofe (f)	катастрофа (ж)	[kata'strɔfa]

economia (f)	економіка (ж)	[ɛko'nɔmika]
econômico (adj)	економічний	[ɛkono'mitʃnij]
recessão (f) econômica	економічний спад (ч)	[ɛkono'mitʃnij spad]

objetivo (m)	мета (ж)	[mɛ'ta]
tarefa (f)	завдання (с)	[zaw'danˈa]

comerciar (vi, vt)	торгувати	[torɦu'watɨ]
rede (de distribuição)	мережа (ж)	[mɛ'rɛʒa]

estoque (m)	склад (ч)	['sklad]
sortimento (m)	асортимент (ч)	[asorti'mɛnt]
líder (m)	лідер (ч)	['lidɛr]
grande (~ empresa)	великий	[wɛ'lɨkɨj]
monopólio (m)	монополія (ж)	[mono'poliʲa]
teoria (f)	теорія (ж)	[tɛ'oriʲa]
prática (f)	практика (ж)	['praktɨka]
experiência (f)	досвід (ч)	['dɔswid]
tendência (f)	тенденція (ж)	[tɛn'dɛntsiʲa]
desenvolvimento (m)	розвиток (ч)	['rɔzwitok]

71. Processos negociais. Parte 2

rentabilidade (f)	вигода (ж)	['wiɦoda]
rentável (adj)	вигідний	['wiɦidnɨj]
delegação (f)	делегація (ж)	[dɛlɛ'ɦatsiʲa]
salário, ordenado (m)	заробітна платня (ж)	[zaro'bitna plat'nʲa]
corrigir (~ um erro)	виправляти	[wɨpraw'lʲatɨ]
viagem (f) de negócios	відрядження (c)	[wid'rʲadʒɛnʲa]
comissão (f)	комісія (ж)	[ko'misiʲa]
controlar (vt)	контролювати	[kontrolʲu'watɨ]
conferência (f)	конференція (ж)	[konfɛ'rɛntsiʲa]
licença (f)	ліцензія (ж)	[li'tsɛnziʲa]
confiável (adj)	надійний	[na'dijnɨj]
empreendimento (m)	починання (c)	[potʃi'nanʲa]
norma (f)	норма (ж)	['norma]
circunstância (f)	обставина (ж)	[ob'stawɨna]
dever (do empregado)	обов'язок (ч)	[o'bowʲlazok]
empresa (f)	організація (ж)	[orɦani'zatsiʲa]
organização (f)	організація (ж)	[orɦani'zatsiʲa]
organizado (adj)	організований	[orɦani'zowanɨj]
anulação (f)	скасування (c)	[skasu'wanʲa]
anular, cancelar (vt)	скасувати	[skasu'watɨ]
relatório (m)	звіт (ч)	[zwit]
patente (f)	патент (ч)	[pa'tɛnt]
patentear (vt)	патентувати	[patɛntu'watɨ]
planejar (vt)	планувати	[planu'watɨ]
bônus (m)	премія (ж)	['prɛmiʲa]
profissional (adj)	професійний	[profɛ'sijnɨj]
procedimento (m)	процедура (ж)	[protsɛ'dura]
examinar (~ a questão)	розглянути	[rozɦ'lʲanutɨ]
cálculo (m)	розрахунок (ч)	[rozra'hunok]
reputação (f)	репутація (ж)	[rɛpu'tatsiʲa]
risco (m)	ризик (ч)	['rizɨk]
dirigir (~ uma empresa)	керувати	[kɛru'watɨ]

informação (f)	відомості (мн)	[wi'dɔmosti]
propriedade (f)	власність (ж)	['wlasnistʲ]
união (f)	союз (ч)	[soˈʲuz]

seguro (m) de vida	страхування (c) життя	[strahu'wanja ʒitʲtʲa]
fazer um seguro	страхувати	[strahu'wati]
seguro (m)	страхування (c)	[strahu'wanʲa]

leilão (m)	торги (мн)	[tor'ɦi]
notificar (vt)	повідомити	[powi'dɔmiti]
gestão (f)	управління (c)	[upraw'linʲa]
serviço (indústria de ~s)	послуга (ж)	['posluɦa]

fórum (m)	форум (ч)	['fɔrum]
funcionar (vi)	функціонувати	[funktsionu'wati]
estágio (m)	етап (ч)	[ɛ'tap]
jurídico, legal (adj)	юридичний	[ʲuri'ditʃnij]
advogado (m)	юрист (ч)	[ʲu'rist]

72. Produção. Trabalhos

usina (f)	завод (ч)	[za'wɔd]
fábrica (f)	фабрика (ж)	['fabrika]
oficina (f)	цех (ч)	[tsɛh]
local (m) de produção	виробництво (c)	[wirob'nitstwo]

indústria (f)	промисловість (ж)	[promis'lɔwistʲ]
industrial (adj)	промисловий	[promis'lɔwij]
indústria (f) pesada	важка промисловість (ж)	[waʒ'ka promis'lɔwistʲ]
indústria (f) ligeira	легка промисловість (ж)	[lɛɦ'ka promis'lɔwistʲ]

produção (f)	продукція (ж)	[pro'duktsiʲa]
produzir (vt)	виробляти	[wirob'lʲati]
matérias-primas (f pl)	сировина (ж)	[sirowi'na]

chefe (m) de obras	бригадир (ч)	[briɦa'dir]
equipe (f)	бригада (ж)	[bri'ɦada]
operário (m)	робітник (ч)	[robit'nik]

dia (m) de trabalho	робочий день (ч)	[ro'bɔtʃij dɛnʲ]
intervalo (m)	перерва (ж)	[pɛ'rɛrwa]
reunião (f)	збори (мн)	['zbɔri]
discutir (vt)	обговорювати	[obɦo'wɔrʲuwati]

plano (m)	план (ч)	[plan]
cumprir o plano	виконати план	['wikonati plan]
taxa (f) de produção	норма (ж) виробництва	['nɔrma wirob'nitstwa]
qualidade (f)	якість (ж)	['ʲakistʲ]
controle (m)	контроль (ч)	[kon'trɔlʲ]
controle (m) da qualidade	контроль (ч) якості	[kon'trɔlʲ 'jakosti]

segurança (f) no trabalho	безпека (ж) праці	[bɛz'pɛka 'pratsi]
disciplina (f)	дисципліна (ж)	[distsip'lina]
infração (f)	порушення (c)	[po'ruʃɛnʲa]

violar (as regras)	порушувати	[po'ruʃuwati]
greve (f)	страйк (ч)	['strajk]
grevista (m)	страйкар (ч)	[straj'kar]
estar em greve	страйкувати	[strajku'wati]
sindicato (m)	профспілка (ж)	[profs'pilka]

inventar (vt)	винаходити	[wina'hoditi]
invenção (f)	винахід (ч)	['winahid]
pesquisa (f)	дослідження (с)	[do'slidʒɛnʲa]
melhorar (vt)	покращувати	[pok'raɕuwati]
tecnologia (f)	технологія (ж)	[tɛhno'lohiʲa]
desenho (m) técnico	креслення (с)	['krɛslɛnʲa]

carga (f)	вантаж (ч)	[wan'taʒ]
carregador (m)	вантажник (ч)	[wan'taʒnik]
carregar (o caminhão, etc.)	вантажити	[wan'taʒiti]
carregamento (m)	завантаження (с)	[zawan'taʒɛnʲa]
descarregar (vt)	розвантажувати	[rozwan'taʒuwati]
descarga (f)	розвантаження (с)	[rozwan'taʒɛnʲa]

transporte (m)	транспорт (ч)	['transport]
companhia (f) de transporte	транспортна компанія (ж)	['transportna kom'paniʲa]
transportar (vt)	транспортувати	[transportu'wati]

vagão (m) de carga	товарний вагон (ч)	[to'warnij wa'hon]
tanque (m)	цистерна (ж)	[tsis'tɛrna]
caminhão (m)	вантажівка (ж)	[wanta'ʒiwka]

máquina (f) operatriz	станок (ч)	[sta'nok]
mecanismo (m)	механізм (ч)	[mɛha'nizm]

resíduos (m pl) industriais	відходи (мн)	[wid'hodi]
embalagem (f)	пакування (с)	[paku'wanʲa]
embalar (vt)	упакувати	[upaku'wati]

73. Contrato. Acordo

contrato (m)	контракт (ч)	[kon'trakt]
acordo (m)	угода (ж)	[u'hoda]
adendo, anexo (m)	додаток (ч)	[do'datok]

assinar o contrato	укласти контракт	[uk'lasti kon'trakt]
assinatura (f)	підпис (ч)	['pidpis]
assinar (vt)	підписати	[pidpi'sati]
carimbo (m)	печатка (ж)	[pɛ'tʃatka]

objeto (m) do contrato	предмет (ч) договору	[prɛd'mɛt 'dohoworu]
cláusula (f)	пункт (ч)	[punkt]
partes (f pl)	сторони (мн)	['storoni]
domicílio (m) legal	юридична адреса (ж)	[ʲuri'ditʃna ad'rɛsa]

violar o contrato	порушити контракт	[po'ruʃiti kont'rakt]
obrigação (f)	зобов'язання (с)	[zobo'wʲazanʲa]
responsabilidade (f)	відповідальність (ж)	[widpowi'dalʲnistʲ]

força (f) maior	форс-мажор (ч)	[fors ma'ʒɔr]
litígio (m), disputa (f)	суперечка (ж)	[supɛ'rɛʧka]
multas (f pl)	штрафні санкції (мн)	[ʃtrafˈni ˈsankʦijі]

74. Importação & Exportação

importação (f)	імпорт (ч)	['import]
importador (m)	імпортер (ч)	[impor'tɛr]
importar (vt)	імпортувати	[importu'watі]
de importação	імпортний	['importnіj]

exportação (f)	експорт (ч)	['ɛksport]
exportador (m)	експортер (ч)	[ɛkspor'tɛr]
exportar (vt)	експортувати	[ɛksportu'watі]
de exportação	експортний	['ɛksportnіj]

| mercadoria (f) | товар (ч) | [to'war] |
| lote (de mercadorias) | партія (ж) | ['partіʲa] |

peso (m)	вага (ж)	[wa'ɦa]
volume (m)	об'єм (ч)	[o'bʲɛm]
metro (m) cúbico	кубічний метр (ч)	[ku'biʧnіj mɛtr]

produtor (m)	виробник (ч)	[wirob'nik]
companhia (f) de transporte	транспортна компанія (ж)	['transportna kom'panіʲa]
contêiner (m)	контейнер (ч)	[kon'tɛjnɛr]

fronteira (f)	кордон (ч)	[kor'dɔn]
alfândega (f)	митниця (ж)	['mitnіʦʲa]
taxa (f) alfandegária	митний збір (ч)	['mitnіj zbir]
funcionário (m) da alfândega	митник (ч)	['mitnik]
contrabando (atividade)	контрабанда (ж)	[kontra'banda]
contrabando (produtos)	контрабанда (ж)	[kontra'banda]

75. Finanças

ação (f)	акція (ж)	['aktsіʲa]
obrigação (f)	облігація (ж)	[obli'ɦatsіʲa]
nota (f) promissória	вексель (ч)	['wɛksɛlʲ]

| bolsa (f) de valores | біржа (ж) | ['birʒa] |
| cotação (m) das ações | курс (ч) акцій | [kurs 'aktsіj] |

| tornar-se mais barato | подешевшати | [podɛ'ʃewʃatі] |
| tornar-se mais caro | подорожчати | [podo'rɔʒʧatі] |

parte (f)	частка (ж), пай (ч)	['ʧastka], [paj]
participação (f) majoritária	контрольний пакет (ч)	[kon'trɔlʲnіj pa'kɛt]
investimento (m)	інвестиції (мн)	[inwɛs'tіtsіjі]
investir (vt)	інвестувати	[inwɛstu'watі]
porcentagem (f)	відсоток (ч)	[wid'sɔtok]
juros (m pl)	відсотки (мн)	[wid'sɔtkі]

lucro (m)	прибуток (ч)	[pri'butok]
lucrativo (adj)	прибутковий	[pribut'kɔwij]
imposto (m)	податок (ч)	[po'datok]

divisa (f)	валюта (ж)	[wa'lʲuta]
nacional (adj)	національний	[natsio'nalʲnij]
câmbio (m)	обмін (ч)	['ɔbmin]

contador (m)	бухгалтер (ч)	[buh'ɦaltɛr]
contabilidade (f)	бухгалтерія (ж)	[buhɦal'tɛriʲa]

falência (f)	банкрутство (с)	[ban'krutstwo]
falência, quebra (f)	крах (ч)	[krah]
ruína (f)	розорення (с)	[ro'zɔrɛnʲa]
estar quebrado	розоритися	[rozo'ritisʲa]
inflação (f)	інфляція (ж)	[infʲlʲatsiʲa]
desvalorização (f)	девальвація (ж)	[dɛwalʲ'watsiʲa]

capital (m)	капітал (ч)	[kapi'tal]
rendimento (m)	прибуток (ч)	[pri'butok]
volume (m) de negócios	обіг (ч)	['ɔbiɦ]
recursos (m pl)	ресурси (мн)	[rɛ'sursi]
recursos (m pl) financeiros	кошти (мн)	['kɔʃti]
despesas (f pl) gerais	накладні витрати (мн)	[naklad'ni 'witrati]
reduzir (vt)	скоротити	[skoro'titi]

76. Marketing

marketing (m)	маркетинг (ч)	[mar'kɛtinɦ]
mercado (m)	ринок (ч)	['rinok]
segmento (m) do mercado	сегмент (ч) ринку	[sɛɦ'mɛnt 'rinku]
produto (m)	продукт (ч)	[pro'dukt]
mercadoria (f)	товар (ч)	[to'war]

marca (f)	марка (ж), бренд (ч)	['marka], ['brɛnd]
marca (f) registrada	торгова марка (ж)	[tor'ɦɔwa 'marka]
logotipo (m)	фірмовий знак (ч)	['firmowij 'znak]
logo (m)	логотип (ч)	[loɦo'tip]

demanda (f)	попит (ч)	['pɔpit]
oferta (f)	пропозиція (ж)	[propo'zitsiʲa]

necessidade (f)	потреба (ж)	[pot'rɛba]
consumidor (m)	споживач (ч)	[spoʒi'watʃ]

análise (f)	аналіз (ч)	[a'naliz]
analisar (vt)	аналізувати	[analizu'wati]

posicionamento (m)	позиціонування (с)	[pozitsionu'wanʲa]
posicionar (vt)	позиціонувати	[pozitsionu'wati]

preço (m)	ціна (ж)	[tsi'na]
política (f) de preços	цінова політика (ж)	[tsino'wa po'litika]
formação (f) de preços	ціноутворення (с)	[tsinout'wɔrɛnʲa]

77. Publicidade

publicidade (f)	реклама (ж)	[rɛk'lama]
fazer publicidade	рекламувати	[rɛklamu'wati]
orçamento (m)	бюджет (ч)	[bʲu'dʒɛt]
anúncio (m)	реклама (ж)	[rɛk'lama]
publicidade (f) na TV	телереклама (ж)	['tɛlɛ rɛk'lama]
publicidade (f) na rádio	реклама (ж) на радіо	[rɛk'lama na 'radio]
publicidade (f) exterior	зовнішня реклама (ж)	['zɔwniʃnʲa rɛklama]
comunicação (f) de massa	засоби масової інформації	['zasobɨ 'masowoji infor'matsijɨ]
periódico (m)	періодичне видання (с)	[pɛrio'diʧnɛ wɨda'nʲa]
imagem (f)	імідж (ч)	['imiʤ]
slogan (m)	гасло (с)	['ɦaslo]
mote (m), lema (f)	девіз (ч)	[dɛ'wiz]
campanha (f)	кампанія (ж)	[kam'paniʲa]
campanha (f) publicitária	рекламна кампанія (ж)	[rɛk'lamna kam'paniʲa]
grupo (m) alvo -	цільова аудиторія (ж)	[tsilʲo'wa audi'tɔriʲa]
cartão (m) de visita	візитка (ж)	[wi'zitka]
panfleto (m)	листівка (ж)	[lɨs'tiwka]
brochura (f)	брошура (ж)	[bro'ʃura]
folheto (m)	буклет (ч)	[buk'lɛt]
boletim (~ informativo)	бюлетень (ч)	[bʲulɛ'tɛnʲ]
letreiro (m)	вивіска (ж)	['wiwiska]
cartaz, pôster (m)	плакат (ч)	[pla'kat]
painel (m) publicitário	рекламний щит (ч)	[rɛk'lamnɨj ɕit]

78. Banca

banco (m)	банк (ч)	[bank]
balcão (f)	відділення (с)	[wid'dilɛnʲa]
consultor (m) bancário	консультант (ч)	[konsulʲ'tant]
gerente (m)	керівник (ч)	[kɛriw'nɨk]
conta (f)	рахунок (ч)	[ra'ɦunok]
número (m) da conta	номер (ч) рахунка	['nɔmɛr ra'ɦunka]
conta (f) corrente	поточний рахунок (ч)	[po'tɔʧnɨj ra'ɦunok]
conta (f) poupança	накопичувальний рахунок (ч)	[nako'pɨʧuwalʲnɨj ra'ɦunok]
abrir uma conta	відкрити рахунок	[wid'krɨti ra'ɦunok]
fechar uma conta	закрити рахунок	[za'krɨti ra'ɦunok]
depositar na conta	покласти на рахунок	[pok'lasti na ra'ɦunok]
sacar (vt)	зняти з рахунку	['znʲati z ra'ɦunku]
depósito (m)	внесок (ч)	['wnɛsok]
fazer um depósito	зробити внесок	[zro'biti 'wnɛsok]

| transferência (f) bancária | переказ (ч) | [pɛ'rɛkaz] |
| transferir (vt) | зробити переказ | [zro'bitɨ pɛ'rɛkaz] |

| soma (f) | сума (ж) | ['suma] |
| Quanto? | Скільки? | ['skilʲkɨ] |

| assinatura (f) | підпис (ч) | ['pidpɨs] |
| assinar (vt) | підписати | [pidpɨ'satɨ] |

cartão (m) de crédito	кредитна картка (ж)	[krɛ'ditna 'kartka]
senha (f)	код (ч)	[kod]
número (m) do cartão de crédito	номер (ч) кредитної картки	['nɔmɛr krɛ'ditnoji 'kartkɨ]
caixa (m) eletrônico	банкомат (ч)	[banko'mat]

cheque (m)	чек (ч)	[tʃɛk]
passar um cheque	виписати чек	['wɨpɨsatɨ 'tʃɛk]
talão (m) de cheques	чекова книжка (ж)	['tʃɛkowa 'knɨʒka]

empréstimo (m)	кредит (ч)	[krɛ'dit]
pedir um empréstimo	звертатися за кредитом	[zwɛr'tatɨsʲa za krɛ'ditom]
obter empréstimo	брати кредит	['bratɨ krɛ'dit]
dar um empréstimo	надавати кредит	[nada'watɨ krɛ'dit]
garantia (f)	застава (ж)	[za'stawa]

79. Telefone. Conversação telefônica

telefone (m)	телефон (ч)	[tɛlɛ'fon]
celular (m)	мобільний телефон (ч)	[mo'bilʲnɨj tɛlɛ'fon]
secretária (f) eletrônica	автовідповідач (ч)	[awtowidpowi'datʃ]

| fazer uma chamada | зателефонувати | [zatɛlɛfonu'watɨ] |
| chamada (f) | дзвінок (ч) | [dzwi'nɔk] |

discar um número	набрати номер	[nab'ratɨ 'nɔmɛr]
Alô!	Алло!	[a'lɔ]
perguntar (vt)	запитати	[zapɨ'tatɨ]
responder (vt)	відповісти	[widpo'wistɨ]

ouvir (vt)	чути	['tʃutɨ]
bem	добре	['dɔbrɛ]
mal	погано	[po'ɦano]
ruído (m)	перешкоди (мн)	[pɛrɛʃ'kɔdɨ]

fone (m)	трубка (ж)	['trubka]
pegar o telefone	зняти трубку	['znʲatɨ 'trubku]
desligar (vi)	покласти трубку	[pok'lastɨ t'rubku]

ocupado (adj)	зайнятий	['zajnʲatɨj]
tocar (vi)	дзвонити	[dzwo'nɨtɨ]
lista (f) telefônica	телефонна книга (ж)	[tɛlɛ'fona 'knɨɦa]

| local (adj) | місцевий | [mis'tsɛwɨj] |
| chamada (f) local | місцевий зв'язок (ч) | [mis'tsɛwɨj 'zwʲazok] |

de longa distância	міжміський	[miʒmisʲʲkij]
chamada (f) de longa distância	міжміський зв'язок (ч)	[miʒmisʲʲkij 'zwʲazok]
internacional (adj)	міжнародний	[miʒna'rɔdnij]
chamada (f) internacional	міжнародний зв'язок (ч)	[miʒna'rɔdnij 'zwʲazok]

80. Telefone móvel

celular (m)	мобільний телефон (ч)	[mo'bilʲnij tɛlɛ'fɔn]
tela (f)	дисплей (ч)	[dis'plɛj]
botão (m)	кнопка (ж)	['knɔpka]
cartão SIM (m)	SIM-карта (ж)	[sim 'karta]
bateria (f)	батарея (ж)	[bata'rɛʲa]
descarregar-se (vr)	розрядитися	[rozrʲa'ditisʲa]
carregador (m)	зарядний пристрій (ч)	[za'rʲadnij 'pristrij]
menu (m)	меню (с)	[mɛ'nʲu]
configurações (f pl)	настройки (мн)	[na'strɔjki]
melodia (f)	мелодія (ж)	[mɛ'lɔdiʲa]
escolher (vt)	вибрати	['wibratɨ]
calculadora (f)	калькулятор (ч)	[kalʲku'lʲator]
correio (m) de voz	автовідповідач (ч)	[awtowidpowi'datʃ]
despertador (m)	будильник (ч)	[bu'dilʲnik]
contatos (m pl)	телефонна книга (ж)	[tɛlɛ'fɔna 'kniħa]
mensagem (f) de texto	SMS-повідомлення (с)	[ɛsɛ'mɛs powi'dɔmlɛnʲa]
assinante (m)	абонент (ч)	[abo'nɛnt]

81. Estacionário

caneta (f)	авторучка (ж)	[awto'rutʃka]
caneta (f) tinteiro	ручка-перо (с)	['rutʃka pɛ'rɔ]
lápis (m)	олівець (ч)	[oli'wɛts]
marcador (m) de texto	маркер (ч)	['markɛr]
caneta (f) hidrográfica	фломастер (ч)	[flo'mastɛr]
bloco (m) de notas	блокнот (ч)	[blok'nɔt]
agenda (f)	щоденник (ч)	[ɕo'dɛnik]
régua (f)	лінійка (ж)	[li'nijka]
calculadora (f)	калькулятор (ч)	[kalʲku'lʲator]
borracha (f)	гумка (ж)	['ħumka]
alfinete (m)	кнопка (ж)	['knɔpka]
clipe (m)	скріпка (ж)	['skripka]
cola (f)	клей (ч)	[klɛj]
grampeador (m)	степлер (ч)	['stɛplɛr]
furador (m) de papel	діркопробивач (ч)	[dirkoprobi'watʃ]
apontador (m)	стругачка (ж)	[stru'ħatʃka]

82. Tipos de negócios

serviços (m pl) de contabilidade	бухгалтерські послуги (мн)	[buh'ɦaltɛrsʲki 'pɔsluɦi]
publicidade (f)	реклама (ж)	[rɛk'lama]
agência (f) de publicidade	рекламне агентство (с)	[rɛk'lamnɛ a'ɦɛntstwo]
ar (m) condicionado	кондиціонери (мн)	[konditsi'ɔnɛri]
companhia (f) aérea	авіакомпанія (ж)	[awiakom'paniʲa]

bebidas (f pl) alcoólicas	спиртні напої (мн)	[spirt'ni na'pɔjɨ]
comércio (m) de antiguidades	антикваріат (ч)	[antikwari'at]
galeria (f) de arte	арт-галерея (ж)	[art ɦalɛ'rɛʲa]
serviços (m pl) de auditoria	аудиторські послуги (мн)	[au'ditorsʲki 'pɔsluɦi]

negócios (m pl) bancários	банківський бізнес (ч)	['bankiwsʲkij 'biznɛs]
bar (m)	бар (ч)	[bar]
salão (m) de beleza	салон (ч) краси	[sa'lɔn kra'si]
livraria (f)	книгарня (ж)	[kni'ɦarnʲa]
cervejaria (f)	броварня (ж)	[bro'warnʲa]
centro (m) de escritórios	бізнес-центр (ч)	['biznɛs 'tsɛntr]
escola (f) de negócios	бізнес-школа (ж)	['biznɛs 'ʃkɔla]

cassino (m)	казино (с)	[kazi'nɔ]
construção (f)	будівництво (с)	[budiw'nitstwo]
consultoria (f)	консалтинг (ч)	[kon'saltinɦ]

clínica (f) dentária	стоматологія (ж)	[stomato'lɔɦiʲa]
design (m)	дизайн (ч)	[di'zajn]
drogaria (f)	аптека (ж)	[ap'tɛka]
lavanderia (f)	хімчистка (ж)	[him'tʃistka]
agência (f) de emprego	кадрове агентство (с)	['kadrowɛ a'ɦɛntstwo]

serviços (m pl) financeiros	фінансові послуги (мн)	[fi'nansowi 'pɔsluɦi]
alimentos (m pl)	продукти (мн) харчування	[pro'dukti hartʃu'wanʲa]
funerária (f)	похоронне бюро (с)	[poho'rɔnɛ bʲuro]
mobiliário (m)	меблі (мн)	['mɛbli]
roupa (f)	одяг (ч)	['ɔdʲaɦ]
hotel (m)	готель (ч)	[ɦo'tɛlʲ]

sorvete (m)	морозиво (с)	[mo'rɔziwo]
indústria (f)	промисловість (ж)	[promis'lɔwistʲ]
seguro (~ de vida, etc.)	страхування (с)	[strahu'wanʲa]
internet (f)	інтернет (ч)	[intɛr'nɛt]
investimento (m)	інвестиції (мн)	[inwɛs'titsiji]

joalheiro (m)	ювелір (ч)	[ʲuwɛ'lir]
joias (f pl)	ювелірні вироби (мн)	[ʲuwɛ'lirni 'wirobi]
lavanderia (f)	пральня (ж)	['pralʲnʲa]
assessorias (f pl) jurídicas	юридичні послуги (мн)	[ʲuri'ditʃni 'pɔsluɦi]
indústria (f) ligeira	легка промисловість (ж)	[lɛɦ'ka promis'lɔwistʲ]

revista (f)	журнал (ч)	[ʒur'nal]
vendas (f pl) por catálogo	торгівля (ж) за каталогом	[tor'ɦiwlʲa za kata'lɔɦom]
medicina (f)	медицина (ж)	[mɛdi'tsina]
cinema (m)	кінотеатр (ч)	[kinotɛ'atr]

museu (m)	музей (ч)	[mu'zɛj]
agência (f) de notícias	інформаційне агентство (c)	[informa'tsijnɛ a'ɦɛntstwo]
jornal (m)	газета (ж)	[ɦa'zɛta]
boate (casa noturna)	нічний клуб (ч)	[nitʃ'nij klub]
petróleo (m)	нафта (ж)	['nafta]
serviços (m pl) de remessa	кур'єрська служба (ж)	[ku'r'ɛrsʲka 'sluʒba]
indústria (f) farmacêutica	фармацевтика (ж)	[farma'tsɛwtika]
tipografia (f)	поліграфія (ж)	[poliɦra'fiʲa]
editora (f)	видавництво (c)	[widaw'nitstwo]
rádio (m)	радіо (c)	['radio]
imobiliário (m)	нерухомість (ж)	[nɛru'ɦɔmistʲ]
restaurante (m)	ресторан (ч)	[rɛsto'ran]
empresa (f) de segurança	охоронне агентство (c)	[oho'rɔnɛ a'ɦɛntstwo]
esporte (m)	спорт (ч)	[sport]
bolsa (f) de valores	біржа (ж)	['birʒa]
loja (f)	магазин (ч)	[maɦa'zin]
supermercado (m)	супермаркет (ч)	[supɛr'markɛt]
piscina (f)	басейн (ч)	[ba'sɛjn]
alfaiataria (f)	ательє (c)	[atɛ'lʲɛ]
televisão (f)	телебачення (c)	[tɛlɛ'batʃɛnʲa]
teatro (m)	театр (ч)	[tɛ'atr]
comércio (m)	торгівля (ж)	[tor'ɦiwlʲa]
serviços (m pl) de transporte	перевезення (c)	[pɛrɛ'wɛzɛnʲa]
viagens (f pl)	туризм (ч)	[tu'rizm]
veterinário (m)	ветеринар (ч)	[wɛtɛri'nar]
armazém (m)	склад (ч)	['sklad]
recolha (f) do lixo	вивіз (ч) сміття	['wiwiz smit'tʲa]

Emprego. Negócios. Parte 2

83. Espetáculo. Feira

| feira, exposição (f) | виставка (ж) | ['wistawka] |
| feira (f) comercial | торгівельна виставка (ж) | [torɦi'wɛlʲna 'wistawka] |

participação (f)	участь (ж)	['utʃastʲ]
participar (vi)	брати участь	['bratɨ 'utʃastʲ]
participante (m)	учасник (ч)	[u'tʃasnɨk]

diretor (m)	директор (ч)	[dɨ'rɛktor]
direção (f)	дирекція (ж)	[dɨ'rɛktsʲiʲa]
organizador (m)	організатор (ч)	[orɦani'zator]
organizar (vt)	організовувати	[orɦani'zɔwuwati]

ficha (f) de inscrição	заявка (ж) на участь	[za'lʲawka na 'utʃastʲ]
preencher (vt)	заповнити	[za'pɔwniti]
detalhes (m pl)	деталі (мн)	[dɛ'tali]
informação (f)	інформація (ж)	[infor'matsʲiʲa]

preço (m)	ціна (ж)	[tsi'na]
incluindo	включно	['wklʲutʃno]
incluir (vt)	включати	[wklʲu'tʃati]
pagar (vt)	платити	[pla'titi]
taxa (f) de inscrição	реєстраційний внесок (ч)	[reɛstra'tsijnɨj 'wnɛsok]

entrada (f)	вхід (ч)	[whid]
pavilhão (m), salão (f)	павільйон (ч)	[pawilʲ'jɔn]
inscrever (vt)	реєструвати	[reɛstru'wati]
crachá (m)	бейдж (ч)	[bɛjʤ]

| stand (m) | виставковий стенд (ч) | [wistaw'kɔwij stɛnd] |
| reservar (vt) | резервувати | [rɛzɛrwu'wati] |

vitrine (f)	вітрина (ж)	[wi'trina]
lâmpada (f)	світильник (ч)	[swi'tilʲnik]
design (m)	дизайн (ч)	[dɨ'zajn]
pôr (posicionar)	розташовувати	[rozta'ʃɔwuwati]
ser colocado, -a	розташовуватися	[rozta'ʃɔwuwatisʲa]

distribuidor (m)	дистриб'ютор (ч)	[dɨstri'bʲʲutor]
fornecedor (m)	постачальник (ч)	[posta'tʃalʲnik]
fornecer (vt)	постачати	[posta'tʃati]

país (m)	країна (ж)	[kra'jina]
estrangeiro (adj)	іноземний	[ino'zɛmnij]
produto (m)	продукт (ч)	[pro'dukt]
associação (f)	асоціація (ж)	[asotsi'atsʲiʲa]
sala (f) de conferência	конференц-зал (ч)	[konfɛ'rɛnts zal]

| congresso (m) | конгрес (ч) | [kon'ɦrɛs] |
| concurso (m) | конкурс (ч) | ['kɔnkurs] |

visitante (m)	відвідувач (ч)	[wid'widuwatʃ]
visitar (vt)	відвідувати	[wid'widuwati]
cliente (m)	замовник (ч)	[za'mɔwnik]

84. Ciência. Investigação. Cientistas

ciência (f)	наука (ж)	[na'uka]
científico (adj)	науковий	[nau'kɔwij]
cientista (m)	вчений (ч)	['wtʃɛnij]
teoria (f)	теорія (ж)	[tɛ'ɔriʲa]

axioma (m)	аксіома (ж)	[aksi'ɔma]
análise (f)	аналіз (ч)	[a'naliz]
analisar (vt)	аналізувати	[analizu'wati]
argumento (m)	аргумент (ч)	[arɦu'mɛnt]
substância (f)	речовина (ж)	[rɛtʃowi'na]

hipótese (f)	гіпотеза (ж)	[ɦi'pɔtɛza]
dilema (m)	дилема (ж)	[di'lɛma]
tese (f)	дисертація (ж)	[disɛr'tatsiʲa]
dogma (m)	догма (ж)	['dɔɦma]

doutrina (f)	доктрина (ж)	[dok'trina]
pesquisa (f)	дослідження (с)	[do'slidʒɛnʲa]
pesquisar (vt)	досліджувати	[do'slidʒuwati]
testes (m pl)	випробування (ч)	[wi'probuwanʲa]
laboratório (m)	лабораторія (ж)	[labora'toriʲa]

método (m)	метод (ч)	['mɛtod]
molécula (f)	молекула (ж)	[mo'lɛkula]
monitoramento (m)	моніторинг (ч)	[moni'torinɦ]
descoberta (f)	відкриття (с)	[widkrit'tʲa]

postulado (m)	постулат (ч)	[postu'lat]
princípio (m)	принцип (ч)	['printsip]
prognóstico (previsão)	прогноз (ч)	[proɦ'nɔz]
prognosticar (vt)	прогнозувати	[proɦnozu'wati]

síntese (f)	синтез (ч)	['sintɛz]
tendência (f)	тенденція (ж)	[tɛn'dɛntsiʲa]
teorema (m)	теорема (ж)	[tɛo'rɛma]

ensinamentos (m pl)	вчення (с)	['wtʃɛnʲa]
fato (m)	факт (ч)	[fakt]
expedição (f)	експедиція (ж)	[ɛkspɛ'ditsiʲa]
experiência (f)	експеримент (ч)	[ɛkspɛri'mɛnt]

acadêmico (m)	академік (ч)	[aka'dɛmik]
bacharel (m)	бакалавр (ч)	[baka'lawr]
doutor (m)	доктор (ч)	['dɔktor]
professor (m) associado	доцент (ч)	[do'tsɛnt]

mestrado (m)	**магістр** (ч)	[ma'ɦistr]
professor (m)	**професор** (ч)	[pro'fɛsor]

Profissões e ocupações

trabalho (m)	робота (ж)	[ro'bɔta]
equipe (f)	колектив, штат (ч)	[kɔlɛk'tiw], [ʃtat]
pessoal (m)	персонал (ч)	[pɛrso'nal]
carreira (f)	кар'єра (ж)	[ka'rʲɛra]
perspectivas (f pl)	перспектива (ж)	[pɛrspɛk'tiwa]
habilidades (f pl)	майстерність (ж)	[majs'tɛrnistʲ]
seleção (f)	підбір (ч)	[pid'bir]
agência (f) de emprego	кадрове агентство (с)	['kadrowɛ a'ɦɛntstwo]
currículo (m)	резюме (с)	[rɛzʲu'mɛ]
entrevista (f) de emprego	співбесіда (ж)	[spiw'bɛsida]
vaga (f)	вакансія (ж)	[wa'kansiʲa]
salário (m)	зарплатня (ж)	[zarplat'nʲa]
salário (m) fixo	оклад (ч)	[ok'lad]
pagamento (m)	оплата (ж)	[op'lata]
cargo (m)	посада (ж)	[po'sada]
dever (do empregado)	обов'язок (ч)	[o'bɔwʲazok]
gama (f) de deveres	коло (с) обов'язків	['kɔlo obo'wʲazkiw]
ocupado (adj)	зайнятий	['zajnʲatij]
despedir, demitir (vt)	звільнити	[zwilʲ'niti]
demissão (f)	звільнення (с)	['zwilʲnɛnʲa]
desemprego (m)	безробіття (с)	[bɛzro'bittʲa]
desempregado (m)	безробітний (ч)	[bɛzro'bitnij]
aposentadoria (f)	пенсія (ж)	['pɛnsiʲa]
aposentar-se (vr)	вийти на пенсію	['wijti na 'pɛnsiʲu]

diretor (m)	директор (ч)	[dɨ'rɛktor]
gerente (m)	керівник (ч)	[kɛriw'nik]
patrão, chefe (m)	бос (ч)	[bɔs]
superior (m)	начальник (ч)	[na'ʧalʲnik]
superiores (m pl)	керівництво (с)	[kɛriw'niɫstwo]
presidente (m)	президент (ч)	[prɛzi'dɛnt]
chairman (m)	голова (ч)	[ɦolo'wa]
substituto (m)	заступник (ч)	[za'stupnik]
assistente (m)	помічник (ч)	[pomiʧ'nik]

| secretário (m) | секретар (ч) | [sɛkrɛ'tar] |
| secretário (m) pessoal | особистий секретар (ч) | [oso'bistij sɛkrɛ'tar] |

homem (m) de negócios	бізнесмен (ч)	[biznɛs'mɛn]
empreendedor (m)	підприємець (ч)	[pidpri'ɛmɛts]
fundador (m)	засновник (ч)	[zas'nɔwnik]
fundar (vt)	заснувати	[zasnu'wati]

principiador (m)	основоположник (ч)	[osnowopo'lɔʒnik]
parceiro, sócio (m)	партнер (ч)	[part'nɛr]
acionista (m)	акціонер (ч)	[aktsio'nɛr]

milionário (m)	мільйонер (ч)	[milʲo'nɛr]
bilionário (m)	мільярдер (ч)	[miljar'dɛr]
proprietário (m)	власник (ч)	['wlasnik]
proprietário (m) de terras	землевласник (ч)	[zɛmlɛw'lasnik]

cliente (m)	клієнт (ч)	[kli'ɛnt]
cliente (m) habitual	постійний клієнт (ч)	[pos'tijnij kli'ɛnt]
comprador (m)	покупець (ч)	[poku'pɛts]
visitante (m)	відвідувач (ч)	[wid'widuwatʃ]

profissional (m)	професіонал (ч)	[profɛsio'nal]
perito (m)	експерт (ч)	[ɛks'pɛrt]
especialista (m)	фахівець (ч)	[fahi'wɛts]

| banqueiro (m) | банкір (ч) | [ba'nkir] |
| corretor (m) | брокер (ч) | ['brɔkɛr] |

caixa (m, f)	касир (ч)	[ka'sir]
contador (m)	бухгалтер (ч)	[buh'ɦaltɛr]
guarda (m)	охоронник (ч)	[oho'rɔnik]

investidor (m)	інвестор (ч)	[in'wɛstor]
devedor (m)	боржник (ч)	[borʒ'nik]
credor (m)	кредитор (ч)	[krɛdi'tɔr]
mutuário (m)	боржник (ч)	[borʒ'nik]

| importador (m) | імпортер (ч) | [impor'tɛr] |
| exportador (m) | експортер (ч) | [ɛkspor'tɛr] |

produtor (m)	виробник (ч)	[wirob'nik]
distribuidor (m)	дистриб'ютор (ч)	[distri'bʲutor]
intermediário (m)	посередник (ч)	[posɛ'rɛdnik]

consultor (m)	консультант (ч)	[konsulʲ'tant]
representante comercial	представник (ч)	[prɛdstaw'nik]
agente (m)	агент (ч)	[a'ɦɛnt]
agente (m) de seguros	страховий агент (ч)	[straho'wij a'ɦɛnt]

87. Profissões de serviços

| cozinheiro (m) | кухар (ч) | ['kuhar] |
| chefe (m) de cozinha | шеф-кухар (ч) | [ʃɛf 'kuhar] |

padeiro (m)	пекар (ч)	['pɛkar]
barman (m)	бармен (ч)	[bar'mɛn]
garçom (m)	офіціант (ч)	[ofitsi'ant]
garçonete (f)	офіціантка (ж)	[ofitsi'antka]

advogado (m)	адвокат (ч)	[adwo'kat]
jurista (m)	юрист (ч)	[ʲu'rist]
notário (m)	нотаріус (ч)	[no'tarius]

eletricista (m)	електрик (ч)	[ɛ'lɛktrik]
encanador (m)	сантехнік (ч)	[san'tɛhnik]
carpinteiro (m)	тесля (ч)	['tɛslʲa]

massagista (m)	масажист (ч)	[masa'ʒist]
massagista (f)	масажистка (ж)	[masa'ʒistka]
médico (m)	лікар (ч)	['likar]

taxista (m)	таксист (ч)	[tak'sist]
condutor (automobilista)	шофер (ч)	[ʃo'fɛr]
entregador (m)	кур'єр (ч)	[ku'rʔɛr]

camareira (f)	покоївка (ж)	[poko'jiwka]
guarda (m)	охоронник (ч)	[oho'rɔnik]
aeromoça (f)	стюардеса (ж)	[stʲuar'dɛsa]

professor (m)	вчитель (ч)	['wtʃitɛlʲ]
bibliotecário (m)	бібліотекар (ч)	[biblio'tɛkar]
tradutor (m)	перекладач (ч)	[pɛrɛkla'datʃ]
intérprete (m)	перекладач (ч)	[pɛrɛkla'datʃ]
guia (m)	гід (ч)	[hid]

cabeleireiro (m)	перукар (ч)	[pɛru'kar]
carteiro (m)	листоноша (ч)	[listo'nɔʃa]
vendedor (m)	продавець (ч)	[proda'wɛts]

jardineiro (m)	садівник (ч)	[sadiw'nik]
criado (m)	слуга (ч)	[slu'ha]
criada (f)	служниця (ж)	[sluʒ'nitsʲa]
empregada (f) de limpeza	прибиральниця (ж)	[pribi'ralʲnitsʲa]

88. Profissões militares e postos

soldado (m) raso	рядовий (ч)	[rʲado'wij]
sargento (m)	сержант (ч)	[sɛr'ʒant]
tenente (m)	лейтенант (ч)	[lɛjtɛ'nant]
capitão (m)	капітан (ч)	[kapi'tan]

major (m)	майор (ч)	[ma'jor]
coronel (m)	полковник (ч)	[pol'kɔwnik]
general (m)	генерал (ч)	[ɦɛnɛ'ral]
marechal (m)	маршал (ч)	['marʃal]
almirante (m)	адмірал (ч)	[admi'ral]
militar (m)	військовий (ч)	[wijsʲ'kɔwij]
soldado (m)	солдат (ч)	[sol'dat]

oficial (m)	офіцер (ч)	[ofi'tsɛr]
comandante (m)	командир (ч)	[koman'dɨr]

guarda (m) de fronteira	прикордонник (ч)	[prikor'dɔnɨk]
operador (m) de rádio	радист (ч)	[ra'dɨst]
explorador (m)	розвідник (ч)	[roz'widnɨk]
sapador-mineiro (m)	сапер (ч)	[sa'pɛr]
atirador (m)	стрілок (ч)	[stri'lɔk]
navegador (m)	штурман (ч)	['ʃturman]

89. Oficiais. Padres

rei (m)	король (ч)	[ko'rɔlʲ]
rainha (f)	королева (ж)	[koro'lɛwa]

príncipe (m)	принц (ч)	[prinʦ]
princesa (f)	принцеса (ж)	[prin'ʦɛsa]

czar (m)	цар (ч)	[ʦar]
czarina (f)	цариця (ж)	[ʦa'riʦʲa]

presidente (m)	президент (ч)	[prɛzi'dɛnt]
ministro (m)	міністр (ч)	[mi'nistr]
primeiro-ministro (m)	прем'єр-міністр (ч)	[prɛ'm²ɛr mi'nistr]
senador (m)	сенатор (ч)	[sɛ'nator]

diplomata (m)	дипломат (ч)	[diplo'mat]
cônsul (m)	консул (ч)	['kɔnsul]
embaixador (m)	посол (ч)	[po'sɔl]
conselheiro (m)	радник (ч)	['radnɨk]

funcionário (m)	чиновник (ч)	[ʧi'nɔwnɨk]
prefeito (m)	префект (ч)	[prɛ'fɛkt]
Presidente (m) da Câmara	мер (ч)	[mɛr]

juiz (m)	суддя (ч)	[sud'dʲa]
procurador (m)	прокурор (ч)	[proku'rɔr]

missionário (m)	місіонер (ч)	[misio'nɛr]
monge (m)	чернець (ч)	[ʧɛr'nɛʦ]
abade (m)	абат (ч)	[a'bat]
rabino (m)	рабин (ч)	[ra'bɨn]

vizir (m)	візир (ч)	[wi'zɨr]
xá (m)	шах (ч)	[ʃah]
xeique (m)	шейх (ч)	[ʃɛjh]

90. Profissões agrícolas

abelheiro (m)	пасічник (ч)	['pasiʧnɨk]
pastor (m)	пастух (ч)	[pas'tuh]
agrônomo (m)	агроном (ч)	[aɦro'nɔm]

criador (m) de gado	тваринник (ч)	[twa'rinik]
veterinário (m)	ветеринар (ч)	[wɛtɛri'nar]

agricultor, fazendeiro (m)	фермер (ч)	['fɛrmɛr]
vinicultor (m)	винороб (ч)	[wino'rɔb]
zoólogo (m)	зоолог (ч)	[zo'ɔloɦ]
vaqueiro (m)	ковбой (ч)	[kow'bɔj]

91. Profissões artísticas

ator (m)	актор (ч)	[ak'tɔr]
atriz (f)	акторка (ж)	[ak'tɔrka]

cantor (m)	співак (ч)	[spi'wak]
cantora (f)	співачка (ж)	[spi'watʃka]

bailarino (m)	танцюрист (ч)	[tantsʲu'rist]
bailarina (f)	танцюристка (ж)	[tantsʲu'ristka]

artista (m)	артист (ч)	[ar'tist]
artista (f)	артистка (ж)	[ar'tistka]

músico (m)	музикант (ч)	[muzi'kant]
pianista (m)	піаніст (ч)	[pia'nist]
guitarrista (m)	гітарист (ч)	[ɦita'rist]

maestro (m)	диригент (ч)	[diri'ɦɛnt]
compositor (m)	композитор (ч)	[kompo'zitor]
empresário (m)	імпресаріо (ч)	[imprɛ'sario]

diretor (m) de cinema	режисер (ч)	[rɛʒi'sɛr]
produtor (m)	продюсер (ч)	[pro'dʲusɛr]
roteirista (m)	сценарист (ч)	[stsɛna'rist]
crítico (m)	критик (ч)	['kritik]

escritor (m)	письменник (ч)	[pisʲ'mɛnik]
poeta (m)	поет (ч)	[po'ɛt]
escultor (m)	скульптор (ч)	['skulʲptor]
pintor (m)	художник (ч)	[hu'dɔʒnik]

malabarista (m)	жонглер (ч)	[ʒonɦ'lɛr]
palhaço (m)	клоун (ч)	['klɔun]
acrobata (m)	акробат (ч)	[akro'bat]
ilusionista (m)	фокусник (ч)	['fɔkusnik]

92. Várias profissões

médico (m)	лікар (ч)	['likar]
enfermeira (f)	медсестра (ж)	[mɛdsɛst'ra]
psiquiatra (m)	психіатр (ч)	[psiɦi'atr]
dentista (m)	стоматолог (ч)	[stoma'tɔloɦ]
cirurgião (m)	хірург (ч)	[hi'rurɦ]

astronauta (m)	астронавт (ч)	[astro'nawt]
astrônomo (m)	астроном (ч)	[astro'nɔm]
piloto (m)	льотчик, пілот (ч)	['lʲɔtʧik], [pi'lɔt]

motorista (m)	водій (ч)	[wo'dij]
maquinista (m)	машиніст (ч)	[maʃi'nist]
mecânico (m)	механік (ч)	[mɛ'hanik]

mineiro (m)	шахтар (ч)	[ʃah'tar]
operário (m)	робітник (ч)	[robit'nik]
serralheiro (m)	слюсар (ч)	['slʲusar]
marceneiro (m)	столяр (ч)	['stɔlʲar]
torneiro (m)	токар (ч)	['tɔkar]
construtor (m)	будівельник (ч)	[budi'wɛlʲnik]
soldador (m)	зварювальник (ч)	['zwarʲuwalʲnik]

professor (m)	професор (ч)	[pro'fɛsor]
arquiteto (m)	архітектор (ч)	[arhi'tɛktor]
historiador (m)	історик (ч)	[is'tɔrik]
cientista (m)	вчений (ч)	['wtʃɛnij]
físico (m)	фізик (ч)	['fizik]
químico (m)	хімік (ч)	['himik]

arqueólogo (m)	археолог (ч)	[arhɛ'ɔloɦ]
geólogo (m)	геолог (ч)	[ɦɛ'ɔloɦ]
pesquisador (cientista)	дослідник (ч)	[do'slidnik]

babysitter, babá (f)	няня (ж)	['nʲanʲa]
professor (m)	вчитель, педагог (ч)	['wtʃitɛlʲ], [pɛda'ɦɔɦ]

redator (m)	редактор (ч)	[rɛ'daktor]
redator-chefe (m)	головний редактор (ч)	[ɦolow'nij rɛ'daktor]
correspondente (m)	кореспондент (ч)	[korɛspon'dɛnt]
datilógrafa (f)	машиністка (ж)	[maʃi'nistka]

designer (m)	дизайнер (ч)	[di'zajnɛr]
especialista (m) em informática	комп'ютерник (ч)	[kom'pʲjutɛrnik]

programador (m)	програміст (ч)	[proɦ'ramist]
engenheiro (m)	інженер (ч)	[inʒɛ'nɛr]

marujo (m)	моряк (ч)	[mo'rʲak]
marinheiro (m)	матрос (ч)	[mat'rɔs]
socorrista (m)	рятувальник (ч)	[rʲatu'walʲnik]

bombeiro (m)	пожежник (ч)	[po'ʒɛʒnik]
polícia (m)	поліцейський (ч)	[poli'tsɛjsʲkij]
guarda-noturno (m)	сторож (ч)	['stɔrɔʒ]
detetive (m)	детектив (ч)	[dɛtɛk'tiw]

funcionário (m) da alfândega	митник (ч)	['mitnik]
guarda-costas (m)	охоронець (ч)	[oho'rɔnɛts]
guarda (m) prisional	охоронець (ч)	[oho'rɔnɛtsʲ]
inspetor (m)	інспектор (ч)	[ins'pɛktor]
esportista (m)	спортсмен (ч)	[sports'mɛn]
treinador (m)	тренер (ч)	['trɛnɛr]

açougueiro (m)	м'ясник (ч)	[mʲas'nɨk]
sapateiro (m)	чоботар (ч)	[ʧobo'tar]
comerciante (m)	комерсант (ч)	[komɛr'sant]
carregador (m)	вантажник (ч)	[wan'taʒnɨk]

estilista (m)	модельєр (ч)	[modɛ'ljɛr]
modelo (f)	модель (ж)	[modɛlʲ]

93. Ocupações. Estatuto social

estudante (~ de escola)	школяр (ч)	[ʃko'lʲar]
estudante (~ universitária)	студент (ч)	[stu'dɛnt]

filósofo (m)	філософ (ч)	[fi'lɔsof]
economista (m)	економіст (ч)	[ɛkono'mist]
inventor (m)	винахідник (ч)	[wɨna'hidnɨk]

desempregado (m)	безробітний (ч)	[bɛzro'bitnɨj]
aposentado (m)	пенсіонер (ч)	[pɛnsio'nɛr]
espião (m)	шпигун (ч)	[ʃpi'ɦun]

preso, prisioneiro (m)	в'язень (ч)	['wʲazɛnʲ]
grevista (m)	страйкар (ч)	[straj'kar]
burocrata (m)	бюрократ (ч)	[bʲuro'krat]
viajante (m)	мандрівник (ч)	[mandriw'nɨk]

homossexual (m)	гомосексуаліст (ч)	[ɦomosɛksua'list]
hacker (m)	хакер (ч)	['hakɛr]
hippie (m, f)	хіпі (ч)	['hipi]

bandido (m)	бандит (ч)	[ban'dɨt]
assassino (m)	найманий вбивця (ч)	['najmanɨj 'wbɨwʦʲa]
drogado (m)	наркоман (ч)	[narko'man]
traficante (m)	наркоторговець (ч)	[narkotor'ɦowɛʦ]
prostituta (f)	проститутка (ж)	[prosti'tutka]
cafetão (m)	сутенер (ч)	[sutɛ'nɛr]

bruxo (m)	чаклун (ч)	[ʧak'lun]
bruxa (f)	чаклунка (ж)	[ʧak'lunka]
pirata (m)	пірат (ч)	[pi'rat]
escravo (m)	раб (ч)	[rab]
samurai (m)	самурай (ч)	[samu'raj]
selvagem (m)	дикун (ч)	[di'kun]

Educação

94. Escola

escola (f)	школа (ж)	['ʃkɔla]
diretor (m) de escola	директор (ч) школи	[di'rɛktor 'ʃkɔli]
aluno (m)	учень (ч)	['utʃɛnʲ]
aluna (f)	учениця (ж)	[utʃɛ'nitsʲa]
estudante (m)	школяр (ч)	[ʃko'lʲar]
estudante (f)	школярка (ж)	[ʃko'lʲarka]
ensinar (vt)	вчити	['wtʃiti]
aprender (vt)	вивчати	[wiw'tʃati]
decorar (vt)	вчити напам'ять	['wtʃiti na'pamʲatʲ]
estudar (vi)	вчитися	['wtʃitisʲa]
estar na escola	вчитися	['wtʃitisʲa]
ir à escola	йти до школи	[jti do 'ʃkɔli]
alfabeto (m)	алфавіт (ч)	[alfa'wit]
disciplina (f)	предмет (ч)	[prɛd'mɛt]
sala (f) de aula	клас (ч)	[klas]
lição, aula (f)	урок (ч)	[u'rɔk]
recreio (m)	перерва (ж)	[pɛ'rɛrwa]
toque (m)	дзвінок (ч)	[dzwi'nɔk]
classe (f)	парта (ж)	['parta]
quadro (m) negro	дошка (ж)	['dɔʃka]
nota (f)	оцінка (ж)	[o'tsinka]
boa nota (f)	добра оцінка (ж)	['dɔbra o'tsinka]
nota (f) baixa	погана оцінка (ж)	[po'ɦana o'tsinka]
dar uma nota	ставити оцінку	['stawiti o'tsinku]
erro (m)	помилка (ж)	[po'milka]
errar (vi)	робити помилки	[ro'biti 'pomilki]
corrigir (~ um erro)	виправляти	[wipraw'lʲati]
cola (f)	шпаргалка (ж)	[ʃpar'ɦalka]
dever (m) de casa	домашнє завдання (c)	[do'maʃnɛ zaw'danʲa]
exercício (m)	вправа (ж)	['wprawa]
estar presente	бути присутнім	['buti pri'sutnim]
estar ausente	бути відсутнім	['buti wid'sutnim]
faltar às aulas	пропускати уроки	[propus'kati u'rɔki]
punir (vt)	покарати	[poka'rati]
punição (f)	покарання (c)	[poka'ranʲa]
comportamento (m)	поведінка (ж)	[powɛ'dinka]

boletim (m) escolar	щоденник (ч)	[ɕo'dɛnik]
lápis (m)	олівець (ч)	[oli'wɛts]
borracha (f)	гумка (ж)	['ɦumka]
giz (m)	крейда (ж)	['krɛjda]
porta-lápis (m)	пенал (ч)	[pɛ'nal]
mala, pasta, mochila (f)	портфель (ч)	[port'fɛlʲ]
caneta (f)	ручка (ж)	['rutʃka]
caderno (m)	зошит (ч)	['zɔʃit]
livro (m) didático	підручник (ч)	[pid'rutʃnik]
compasso (m)	циркуль (ч)	['tsirkulʲ]
traçar (vt)	креслити	['krɛsliti]
desenho (m) técnico	креслення (c)	['krɛslɛnʲa]
poesia (f)	вірш (ч)	[wirʃ]
de cor	напам'ять	[na'pamʔʲatʲ]
decorar (vt)	вчити напам'ять	['wtʃiti na'pamʔʲatʲ]
férias (f pl)	канікули (мн)	[ka'nikuli]
estar de férias	бути на канікулах	['buti na ka'nikulah]
passar as férias	провести канікули	[prowɛs'ti ka'nikuli]
teste (m), prova (f)	контрольна робота (ж)	[kon'trolʲna ro'bota]
redação (f)	твір (ч)	[twir]
ditado (m)	диктант (ч)	[dik'tant]
exame (m), prova (f)	іспит (ч)	['ispit]
fazer prova	складати іспити	[skla'dati 'ispiti]
experiência (~ química)	дослід (ч)	['dɔslid]

95. Colégio. Universidade

academia (f)	академія (ж)	[aka'dɛmiʲa]
universidade (f)	університет (ч)	[uniwɛrsi'tɛt]
faculdade (f)	факультет (ч)	[fakulʲ'tɛt]
estudante (m)	студент (ч)	[stu'dɛnt]
estudante (f)	студентка (ж)	[stu'dɛntka]
professor (m)	викладач (ч)	[wikla'datʃ]
auditório (m)	аудиторія (ж)	[audi'toriʲa]
graduado (m)	випускник (ч)	[wipusk'nik]
diploma (m)	диплом (ч)	[dip'lom]
tese (f)	дисертація (ж)	[disɛr'tatsiʲa]
estudo (obra)	дослідження (c)	[do'slidʒɛnʲa]
laboratório (m)	лабораторія (ж)	[labora'toriʲa]
palestra (f)	лекція (ж)	['lɛktsiʲa]
colega (m) de curso	однокурсник (ч)	[odno'kursnik]
bolsa (f) de estudos	стипендія (ж)	[sti'pɛndiʲa]
grau (m) acadêmico	вчений ступінь (ч)	['wtʃɛnij 'stupinʲ]

96. Ciências. Disciplinas

matemática (f)	математика (ж)	[matɛ'matika]
álgebra (f)	алгебра (ж)	['alhɛbra]
geometria (f)	геометрія (ж)	[hɛo'mɛtriʲa]

astronomia (f)	астрономія (ж)	[astro'nɔmiʲa]
biologia (f)	біологія (ж)	[bio'lɔhiʲa]
geografia (f)	географія (ж)	[hɛo'hrafiʲa]
geologia (f)	геологія (ж)	[hɛo'lɔhiʲa]
história (f)	історія (ж)	[is'tɔriʲa]

medicina (f)	медицина (ж)	[mɛdi'tsina]
pedagogia (f)	педагогіка (ж)	[pɛda'hɔhika]
direito (m)	право (c)	['prawo]

física (f)	фізика (ж)	['fizika]
química (f)	хімія (ж)	['himiʲa]
filosofia (f)	філософія (ж)	[filo'sɔfiʲa]
psicologia (f)	психологія (ж)	[psiho'lɔhiʲa]

97. Sistema de escrita. Ortografia

gramática (f)	граматика (ж)	[hra'matika]
vocabulário (m)	лексика (ж)	['lɛksika]
fonética (f)	фонетика (ж)	[fo'nɛtika]

substantivo (m)	іменник (ч)	[i'mɛnik]
adjetivo (m)	прикметник (ч)	[prik'mɛtnik]
verbo (m)	дієслово (c)	[diɛ'slowo]
advérbio (m)	прислівник (ч)	[pris'liwnik]

pronome (m)	займенник (ч)	[zaj'mɛnik]
interjeição (f)	вигук (ч)	['wihuk]
preposição (f)	прийменник (ч)	[prij'mɛnik]

raiz (f)	корінь (ч) слова	['kɔrinʲ 'slowa]
terminação (f)	закінчення (c)	[za'kintʃɛnʲa]
prefixo (m)	префікс (ч)	['prɛfiks]
sílaba (f)	склад (ч)	['sklad]
sufixo (m)	суфікс (ч)	['sufiks]

| acento (m) | наголос (ч) | ['naholos] |
| apóstrofo (f) | апостроф (ч) | [a'pɔstrof] |

ponto (m)	крапка (ж)	['krapka]
vírgula (f)	кома (ж)	['kɔma]
ponto e vírgula (m)	крапка (ж) з комою	['krapka z 'kɔmoʲu]
dois pontos (m pl)	двокрапка (ж)	[dwo'krapka]
reticências (f pl)	три крапки (мн)	[tri 'krapki]

| ponto (m) de interrogação | знак (ч) питання | [znak pi'tanʲa] |
| ponto (m) de exclamação | знак (ч) оклику | [znak 'ɔkliku] |

aspas (f pl)	лапки (мн)	[lap'kɨ]
entre aspas	в лапках	[w lap'kah]
parênteses (m pl)	дужки (мн)	[duʒ'kɨ]
entre parênteses	в дужках	[w duʒ'kah]
hífen (m)	дефіс (ч)	[dɛ'fis]
travessão (m)	тире (с)	[ti'rɛ]
espaço (m)	пробіл (ч)	[pro'bil]
letra (f)	літера (ж)	['litɛra]
letra (f) maiúscula	велика літера (ж)	[wɛ'lika 'litɛra]
vogal (f)	голосний звук (ч)	[ɦolos'nij zwuk]
consoante (f)	приголосний (ч)	['priɦolosnij]
frase (f)	речення (с)	['rɛʧɛnʲa]
sujeito (m)	підмет (ч)	['pidmɛt]
predicado (m)	присудок (ч)	['prisudok]
linha (f)	рядок (ч)	[rʲa'dɔk]
em uma nova linha	з нового рядка	[z no'woɦo rʲad'ka]
parágrafo (m)	абзац (ч)	[ab'zaʦ]
palavra (f)	слово (с)	['slɔwo]
grupo (m) de palavras	словосполучення (с)	[slowospo'luʧɛnʲa]
expressão (f)	вислів (ч)	['wisliw]
sinônimo (m)	синонім (ч)	[si'nɔnim]
antônimo (m)	антонім (ч)	[an'tɔnim]
regra (f)	правило (с)	['prawiɫo]
exceção (f)	виняток (ч)	['winʲatok]
correto (adj)	правильний	['prawilʲnij]
conjugação (f)	дієвідміна (ж)	[diɛwid'mina]
declinação (f)	відмінювання (с)	[wid'minʲuwanʲa]
caso (m)	відмінок (ч)	[wid'minok]
pergunta (f)	питання (с)	[pi'tanʲa]
sublinhar (vt)	підкреслити	[pid'krɛsliti]
linha (f) pontilhada	пунктир (ч)	[punk'tɨr]

98. Línguas estrangeiras

língua (f)	мова (ж)	['mɔwa]
estrangeiro (adj)	іноземний	[ino'zɛmnij]
língua (f) estrangeira	іноземна мова (ж)	[ino'zɛmna 'mɔwa]
estudar (vt)	вивчати	[wiw'ʧati]
aprender (vt)	вчити	['wʧiti]
ler (vt)	читати	[ʧi'tati]
falar (vi)	говорити	[ɦowo'riti]
entender (vt)	розуміти	[rozu'miti]
escrever (vt)	писати	[pi'sati]
rapidamente	швидко	['ʃwidko]
devagar, lentamente	повільно	[po'wilʲno]

fluentemente	вільно (мн)	['wilʲno]
regras (f pl)	правила (мн)	['prawila]
gramática (f)	граматика (ж)	[ɦra'matika]
vocabulário (m)	лексика (ж)	['lɛksika]
fonética (f)	фонетика (ж)	[fo'nɛtika]
livro (m) didático	підручник (ч)	[pid'rutʃnik]
dicionário (m)	словник (ч)	[slow'nik]
manual (m) autodidático	самовчитель (ч)	[samow'tʃitɛlʲ]
guia (m) de conversação	розмовник (ч)	[roz'mɔwnik]
fita (f) cassete	касета (ж)	[ka'sɛta]
videoteipe (m)	відеокасета (ж)	['widɛo ka'sɛta]
CD (m)	CD-диск (ч)	[si'di disk]
DVD (m)	DVD (ч)	[diwi'di]
alfabeto (m)	алфавіт (ч)	[alfa'wit]
soletrar (vt)	говорити по буквах	[ɦowo'riti po 'bukwah]
pronúncia (f)	вимова (ж)	[wi'mɔwa]
sotaque (m)	акцент (ч)	[ak'tsɛnt]
com sotaque	з акцентом	[z ak'tsɛntom]
sem sotaque	без акценту	[bɛz ak'tsɛntu]
palavra (f)	слово (с)	['slɔwo]
sentido (m)	сенс (ч)	[sɛns]
curso (m)	курси (мн)	['kursi]
inscrever-se (vr)	записатися	[zapi'satisʲa]
professor (m)	викладач (ч)	[wikla'datʃ]
tradução (processo)	переклад (ч)	[pɛ'rɛklad]
tradução (texto)	переклад (ч)	[pɛ'rɛklad]
tradutor (m)	перекладач (ч)	[pɛrɛkla'datʃ]
intérprete (m)	перекладач (ч)	[pɛrɛkla'datʃ]
poliglota (m)	поліглот (ч)	[poliɦ'lɔt]
memória (f)	пам'ять (ж)	['pamʲʲatʲ]

Descanso. Entretenimento. Viagens

99. Viagens

turismo (m)	туризм (ч)	[tu'rizm]
turista (m)	турист (ч)	[tu'rist]
viagem (f)	мандрівка (ж)	[mand'riwka]
aventura (f)	пригода (ж)	[pri'ɦɔda]
percurso (curta viagem)	поїздка (ж)	[po'jizdka]
férias (f pl)	відпустка (ж)	[wid'pustka]
estar de férias	бути у відпустці	['butɨ u wid'pusttsi]
descanso (m)	відпочинок (ч)	[widpo'tʃinok]
trem (m)	поїзд (ч)	['pɔjɨzd]
de trem (chegar ~)	поїздом	['pɔjɨzdom]
avião (m)	літак (ч)	[li'tak]
de avião	літаком	[lita'kɔm]
de carro	автомобілем	[awtomo'bilɛm]
de navio	кораблем	[korab'lɛm]
bagagem (f)	багаж (ч)	[ba'ɦaʒ]
mala (f)	валіза (ж)	[wa'liza]
carrinho (m)	візок (ч) для багажу	[wi'zɔk dlʲa baɦa'ʒu]
passaporte (m)	паспорт (ч)	['pasport]
visto (m)	віза (ж)	['wiza]
passagem (f)	квиток (ч)	[kwɨ'tɔk]
passagem (f) aérea	авіаквиток (ч)	[awiakwɨ'tɔk]
guia (m) de viagem	путівник (ч)	[putiw'nik]
mapa (m)	карта (ж)	['karta]
área (f)	місцевість (ж)	[mis'tsɛwistʲ]
lugar (m)	місце (c)	['mistsɛ]
exotismo (m)	екзотика (ж)	[ɛk'zɔtika]
exótico (adj)	екзотичний	[ɛkzo'titʃnij]
surpreendente (adj)	дивовижний	['diwowiʒnij]
grupo (m)	група (ж)	['ɦrupa]
excursão (f)	екскурсія (ж)	[ɛks'kursiʲa]
guia (m)	екскурсовод (ч)	[ɛkskurso'wɔd]

100. Hotel

hotel (m), hospedaria (f)	готель (ч)	[ɦo'tɛlʲ]
motel (m)	мотель (ч)	[mo'tɛlʲ]
três estrelas	три зірки	[tri 'zirkɨ]

| cinco estrelas | п'ять зірок | [pʲjatʲ zi'rɔk] |
| ficar (vi, vt) | зупинитися | [zupi'nitisʲa] |

quarto (m)	номер (ч)	['nɔmɛr]
quarto (m) individual	одномісний номер (ч)	[odno'misnij nomɛr]
quarto (m) duplo	двомісний номер (ч)	[dwo'misnij 'nɔmɛr]
reservar um quarto	бронювати номер	[bronʲu'watɨ 'nɔmɛr]

| meia pensão (f) | напівпансіон (ч) | [napiwpansi'ɔn] |
| pensão (f) completa | повний пансіон (ч) | ['pɔwnij pansi'ɔn] |

com banheira	з ванною	[z 'wanoʲu]
com chuveiro	з душем	[z 'duʃɛm]
televisão (m) por satélite	супутникове телебачення (c)	[su'putnɨkowɛ tɛlɛ'batʃɛnʲa]

ar (m) condicionado	кондиціонер (ч)	[kondɨtsio'nɛr]
toalha (f)	рушник (ч)	[ruʃ'nik]
chave (f)	ключ (ч)	[klʲutʃ]

administrador (m)	адміністратор (ч)	[admini'strator]
camareira (f)	покоївка (ж)	[poko'jiwka]
bagageiro (m)	носильник (ч)	[no'silʲnik]
porteiro (m)	портьє (ч)	[por'tʲɛ]

restaurante (m)	ресторан (ч)	[rɛsto'ran]
bar (m)	бар (ч)	[bar]
café (m) da manhã	сніданок (ч)	[sni'danok]
jantar (m)	вечеря (ж)	[wɛ'tʃɛrʲa]
bufê (m)	шведський стіл (ч)	['ʃwɛdsʲkij stil]

| saguão (m) | вестибюль (ч) | [wɛstɨ'bʲulʲ] |
| elevador (m) | ліфт (ч) | [lift] |

| NÃO PERTURBE | НЕ ТУРБУВАТИ | [nɛ turbu'wati] |
| PROIBIDO FUMAR! | ПАЛИТИ ЗАБОРОНЕНО | [pa'liti zabo'rɔnɛno] |

EQUIPAMENTO TÉCNICO. TRANSPORTES

Equipamento técnico

101. Computador

computador (m)	комп'ютер (ч)	[kom'pʲutɛr]
computador (m) portátil	ноутбук (ч)	[nout'buk]
ligar (vt)	увімкнути	[uwimk'nuti]
desligar (vt)	вимкнути	['wimknuti]
teclado (m)	клавіатура (ж)	[klawia'tura]
tecla (f)	клавіша (ж)	['klawiʃa]
mouse (m)	миша (ж)	['miʃa]
tapete (m) para mouse	килимок (ч) для миші	[kiɫi'mok dlʲa 'miʃi]
botão (m)	кнопка (ж)	['knɔpka]
cursor (m)	курсор (ч)	[kur'sɔr]
monitor (m)	монітор (ч)	[moni'tɔr]
tela (f)	екран (ч)	[ɛk'ran]
disco (m) rígido	жорсткий диск (ч)	[ʒor'stkij disk]
capacidade (f) do disco rígido	об'єм (ч) жорсткого диска	[ob'ʲɛm ʒorst'koɦo 'diska]
memória (f)	пам'ять (ж)	['pamʲatʲ]
memória RAM (f)	оперативна пам'ять (ж)	[opɛra'tiwna 'pamʲatʲ]
arquivo (m)	файл (ч)	[fajl]
pasta (f)	папка (ж)	['papka]
abrir (vt)	відкрити	[wid'kriti]
fechar (vt)	закрити	[za'kriti]
salvar (vt)	зберегти	[zbɛrɛɦ'ti]
deletar (vt)	видалити	['widaliti]
copiar (vt)	скопіювати	[skopiʲu'wati]
ordenar (vt)	сортувати	[sortu'wati]
copiar (vt)	переписати	[pɛrɛpi'sati]
programa (m)	програма (ж)	[proɦ'rama]
software (m)	програмне	[proɦ'ramnɛ
	забезпечення (с)	zabɛz'pɛʧɛnʲa]
programador (m)	програміст (ч)	[proɦ'ramist]
programar (vt)	програмувати	[proɦramu'wati]
hacker (m)	хакер (ч)	['ɦakɛr]
senha (f)	пароль (ч)	[pa'rɔlʲ]
vírus (m)	вірус (ч)	['wirus]
detectar (vt)	виявити	['wijawiti]

byte (m)	байт (ч)	[bajt]
megabyte (m)	мегабайт (ч)	[mɛħa'bajt]
dados (m pl)	дані (мн)	['dani]
base (f) de dados	база (ж) даних	['baza 'danih]
cabo (m)	кабель (ч)	['kabɛlʲ]
desconectar (vt)	від'єднати	[wid'ʔɛd'nati]
conectar (vt)	під'єднати	[pid'ʔɛd'nati]

102. Internet. E-mail

internet (f)	інтернет (ч)	[intɛr'nɛt]
browser (m)	браузер (ч)	['brauzɛr]
motor (m) de busca	пошуковий ресурс (ч)	[poʃu'kɔwij rɛ'surs]
provedor (m)	провайдер (ч)	[pro'wajdɛr]
webmaster (m)	веб-майстер (ч)	[wɛb 'majstɛr]
website (m)	веб-сайт (ч)	[wɛb 'sajt]
web page (f)	веб-сторінка (ж)	[wɛb sto'rinka]
endereço (m)	адреса (ж)	[ad'rɛsa]
livro (m) de endereços	адресна книга (ж)	['adrɛsna 'kniħa]
caixa (f) de correio	поштова скринька (ж)	[poʃ'tɔwa sk'rinʲka]
correio (m)	пошта (ж)	['pɔʃta]
cheia (caixa de correio)	переповнена	[pɛrɛ'pɔwnɛna]
mensagem (f)	повідомлення (с)	[powi'dɔmlɛnʲa]
mensagens (f pl) recebidas	вхідні повідомлення	[whid'ni powi'dɔmlɛnʲa]
mensagens (f pl) enviadas	вихідні повідомлення	[wihidni powi'dɔmlɛnʲa]
remetente (m)	відправник (ч)	[wid'prawnɨk]
enviar (vt)	відправити	[wid'prawiti]
envio (m)	відправлення (с)	[wid'prawlɛnʲa]
destinatário (m)	одержувач (ч)	[o'dɛrʒuwatʃ]
receber (vt)	отримати	[ot'rimati]
correspondência (f)	листування (с)	[lɨstu'wanʲa]
corresponder-se (vr)	листуватися	[lɨstu'watisʲa]
arquivo (m)	файл (ч)	[fajl]
fazer download, baixar (vt)	скачати	[ska'tʃati]
criar (vt)	створити	[stwo'riti]
deletar (vt)	видалити	['widaliti]
deletado (adj)	видалений	['widalɛnij]
conexão (f)	зв'язок (ч)	[zwʔʲa'zɔk]
velocidade (f)	швидкість (ж)	['ʃwidkistʲ]
modem (m)	модем (ч)	[mo'dɛm]
acesso (m)	доступ (ч)	['dɔstup]
porta (f)	порт (ч)	[port]
conexão (f)	підключення (с)	[pid'klʲutʃɛnʲa]
conectar (vi)	підключитися	[pidklʲu'tʃitisʲa]

| escolher (vt) | вибрати | ['wibrati] |
| buscar (vt) | шукати | [ʃu'kati] |

103. Eletricidade

eletricidade (f)	електрика (ж)	[ɛ'lɛktrika]
elétrico (adj)	електричний	[ɛlɛkt'riʧnij]
planta (f) elétrica	електростанція (ж)	[ɛlɛktro'stanʦiˈa]
energia (f)	енергія (ж)	[ɛ'nɛrɦiˈa]
energia (f) elétrica	електроенергія (ж)	[ɛlɛktroɛ'nɛrɦiˈa]

lâmpada (f)	лампочка (ж)	['lampoʧka]
lanterna (f)	ліхтар (ч)	[lih'tar]
poste (m) de iluminação	ліхтар (ч)	[lih'tar]

luz (f)	світло (с)	['switlo]
ligar (vt)	вмикати	[wmi'kati]
desligar (vt)	вимикати	[wimi'kati]
apagar a luz	вимикати світло	[wimi'kati 'switlo]

queimar (vi)	перегоріти	[pɛrɛɦo'riti]
curto-circuito (m)	коротке замикання (с)	[ko'rɔtkɛ zami'kanˈa]
ruptura (f)	обрив (ч)	[ob'riw]
contato (m)	контакт (ч)	[kon'takt]

interruptor (m)	вимикач (ч)	[wimi'kaʧ]
tomada (de parede)	розетка (ж)	[ro'zɛtka]
plugue (m)	штепсель (ч)	['ʃtɛpsɛlˈ]
extensão (f)	подовжувач (ч)	[po'dɔwʒuwaʧ]

fusível (m)	запобіжник (ч)	[zapo'biʒnik]
fio, cabo (m)	провід (ч)	['prɔwid]
instalação (f) elétrica	проводка (ж)	[pro'wɔdka]

ampère (m)	ампер (ч)	[am'pɛr]
amperagem (f)	сила (ж) струму	['siɫa st'rumu]
volt (m)	вольт (ч)	[wolˈt]
voltagem (f)	напруга (ж)	[na'pruɦa]

| aparelho (m) elétrico | електроприлад (ч) | [ɛlɛktro'priɫad] |
| indicador (m) | індикатор (ч) | [indi'kator] |

eletricista (m)	електрик (ч)	[ɛ'lɛktrik]
soldar (vt)	паяти	[pa'ˈati]
soldador (m)	паяльник (ч)	[pa'ɫˈnik]
corrente (f) elétrica	струм (ч)	[strum]

104. Ferramentas

ferramenta (f)	інструмент (ч)	[instru'mɛnt]
ferramentas (f pl)	інструменти (мн)	[instru'mɛnti]
equipamento (m)	обладнання (с)	[ob'ladnanˈa]

martelo (m)	молоток (ч)	[molo'tɔk]
chave (f) de fenda	викрутка (ж)	['wɪkrutka]
machado (m)	сокира (ж)	[so'kira]

serra (f)	пила (ж)	['piɫa]
serrar (vt)	пиляти	[pi'lʲati]
plaina (f)	рубанок (ч)	[ru'banok]
aplainar (vt)	стругати	[stru'ɦati]
soldador (m)	паяльник (ч)	[pa'ʲalʲnik]
soldar (vt)	паяти	[pa'ʲati]

lima (f)	терпуг (ч)	[tɛr'puɦ]
tenaz (f)	обценьки (мн)	[ob'ʦɛnʲki]
alicate (m)	плоскогубці (мн)	[plosko'ɦubʦi]
formão (m)	стамеска (ж)	[sta'mɛska]

broca (f)	свердло (с)	[swɛr'lɔ]
furadeira (f) elétrica	дриль (ч)	[driɫʲ]
furar (vt)	свердлити	[swɛr'liti]

faca (f)	ніж (ч)	[niʒ]
canivete (m)	кишеньковий ніж (ч)	[kiʃɛnʲ'kɔwɨj niʒ]
lâmina (f)	лезо (с)	['lɛzo]

afiado (adj)	гострий	['ɦɔstrij]
cego (adj)	тупий	[tu'pij]
embotar-se (vr)	затупитися	[zatu'pitisʲa]
afiar, amolar (vt)	точити	[to'tʃiti]

parafuso (m)	болт (ч)	[bolt]
porca (f)	гайка (ж)	['ɦajka]
rosca (f)	різьба (ж)	[rizʲ'ba]
parafuso (para madeira)	шуруп (ч)	[ʃu'rup]

| prego (m) | цвях (ч) | [ʦwʲah] |
| cabeça (f) do prego | головка (ж) | [ɦo'lɔwka] |

régua (f)	лінійка (ж)	[li'nijka]
fita (f) métrica	рулетка (ж)	[ru'lɛtka]
nível (m)	рівень (ч)	['riwɛnʲ]
lupa (f)	лупа (ж)	['lupa]

medidor (m)	вимірювальний прилад (ч)	[wɪ'mirʲuwalʲnɨj 'priɫad]
medir (vt)	вимірювати	[wɪ'mirʲuwati]
escala (f)	шкала (ж)	[ʃka'la]
indicação (f), registro (m)	показання (с)	[poka'zanʲa]

| compressor (m) | компресор (ч) | [kom'prɛsor] |
| microscópio (m) | мікроскоп (ч) | [mikro'skɔp] |

bomba (f)	насос (ч)	[na'sɔs]
robô (m)	робот (ч)	['rɔbot]
laser (m)	лазер (ч)	['lazɛr]
chave (f) de boca	гайковий ключ (ч)	['ɦajkowɨj klʲutʃ]
fita (f) adesiva	стрічка-скотч (ч)	['stritʃka skotʃ]

cola (f)	клей (ч)	[klɛj]
lixa (f)	наждачний папір (ч)	[naʒ'datʃnij pa'pir]
mola (f)	пружина (ж)	[pru'ʒina]
ímã (m)	магніт (ч)	[maɦ'nit]
luva (f)	рукавички (мн)	[ruka'witʃki]

corda (f)	мотузка (ж)	[mo'tuzka]
cabo (~ de nylon, etc.)	шнур (ч)	[ʃnur]
fio (m)	провід (ч)	['prɔwid]
cabo (~ elétrico)	кабель (ч)	['kabɛlʲ]

marreta (f)	кувалда (ж)	[ku'walda]
pé de cabra (m)	лом (ч)	[lom]
escada (f) de mão	драбина (ж)	[dra'bina]
escada (m)	стрем'янка (ж)	[strɛ'mʲanka]

enroscar (vt)	закручувати	[za'krutʃuwati]
desenroscar (vt)	відкручувати	[wid'krutʃuwati]
apertar (vt)	затискати	[zatis'kati]
colar (vt)	приклеїти	[prik'lɛjiti]
cortar (vt)	різати	['rizati]

falha (f)	несправність (ж)	[nɛ'sprawnistʲ]
conserto (m)	ремонт (ч)	[rɛ'mɔnt]
consertar, reparar (vt)	ремонтувати	[rɛmontu'wati]
regular, ajustar (vt)	регулювати	[rɛɦulʲu'wati]

verificar (vt)	перевіряти	[pɛrɛwi'rʲati]
verificação (f)	перевірка (ж)	[pɛrɛ'wirka]
indicação (f), registro (m)	показання (c)	[poka'zanʲa]

seguro (adj)	надійний	[na'dijnij]
complicado (adj)	складний	[sklad'nij]

enferrujar (vi)	іржавіти	[irʒa'witi]
enferrujado (adj)	іржавий	[ir'ʒawij]
ferrugem (f)	іржа (ж)	[ir'ʒa]

Transportes

105. Avião

avião (m)	літак (ч)	[li'tak]
passagem (f) aérea	авіаквиток (ч)	[awiakwi'tɔk]
companhia (f) aérea	авіакомпанія (ж)	[awiakom'paniˡa]
aeroporto (m)	аеропорт (ч)	[aɛro'pɔrt]
supersônico (adj)	надзвуковий	[nadzwuko'wij]
comandante (m) do avião	командир (ч) корабля	[koman'dir korab'lˡa]
tripulação (f)	екіпаж (ч)	[ɛki'paʒ]
piloto (m)	пілот (ч)	[pi'lɔt]
aeromoça (f)	стюардеса (ж)	[stˡuar'dɛsa]
copiloto (m)	штурман (ч)	['ʃturman]
asas (f pl)	крила (мн)	['krila]
cauda (f)	хвіст (ч)	[hwist]
cabine (f)	кабіна (ж)	[ka'bina]
motor (m)	двигун (ч)	[dwi'ɦun]
trem (m) de pouso	шасі (с)	[ʃa'si]
turbina (f)	турбіна (ж)	[tur'bina]
hélice (f)	пропелер (ч)	[pro'pɛlɛr]
caixa-preta (f)	чорна скринька (ж)	['ʧorna 'skrinˡka]
coluna (f) de controle	штурвал (ч)	[ʃtur'wal]
combustível (m)	пальне (с)	[palˡ'nɛ]
instruções (f pl) de segurança	інструкція (ж) з безпеки	[in'struktsiˡa z bɛz'pɛki]
máscara (f) de oxigênio	киснева маска (ж)	['kisnɛwa 'maska]
uniforme (m)	уніформа (ж)	[uni'forma]
colete (m) salva-vidas	рятувальний жилет (ч)	[rˡatu'walˡnij ʒi'lɛt]
paraquedas (m)	парашут (ч)	[para'ʃut]
decolagem (f)	зліт (ч)	[zlit]
descolar (vi)	злітати	[zli'tati]
pista (f) de decolagem	злітна смуга (ж)	['zlitna 'smuɦa]
visibilidade (f)	видимість (ж)	['widimistˡ]
voo (m)	політ (ч)	[po'lit]
altura (f)	висота (ж)	[wiso'ta]
poço (m) de ar	повітряна яма (ж)	[po'witrˡana 'jama]
assento (m)	місце (с)	['mistsɛ]
fone (m) de ouvido	навушники (мн)	[na'wuʃniki]
mesa (f) retrátil	відкидний столик (ч)	[widkid'nij 'stɔlik]
janela (f)	ілюмінатор (ч)	[ilˡumi'nator]
corredor (m)	прохід (ч)	[pro'hid]

106. Comboio

trem (m)	поїзд (ч)	['pojizd]
trem (m) elétrico	електропоїзд (ч)	[ɛlɛktro'pojizd]
trem (m)	швидкий поїзд (ч)	[ʃwid'kij 'pojizd]
locomotiva (f) diesel	тепловоз (ч)	[tɛplo'woz]
locomotiva (f) a vapor	паровоз (ч)	[paro'woz]
vagão (f) de passageiros	вагон (ч)	[wa'hon]
vagão-restaurante (m)	вагон-ресторан (ч)	[wa'hon rɛsto'ran]
carris (m pl)	рейки (мн)	['rɛjki]
estrada (f) de ferro	залізниця (ж)	[zaliz'nitsʲa]
travessa (f)	шпала (ж)	['ʃpala]
plataforma (f)	платформа (ж)	[plat'forma]
linha (f)	колія (ж)	['kolіʲa]
semáforo (m)	семафор (ч)	[sɛma'for]
estação (f)	станція (ж)	['stantsіʲa]
maquinista (m)	машиніст (ч)	[maʃi'nist]
bagageiro (m)	носильник (ч)	[no'siɫʲnik]
hospedeiro, -a (m, f)	провідник (ч)	[prowid'nik]
passageiro (m)	пасажир (ч)	[pasa'ʒir]
revisor (m)	контролер (ч)	[kontro'lɛr]
corredor (m)	коридор (ч)	[kori'dor]
freio (m) de emergência	стоп-кран (ч)	[stop kran]
compartimento (m)	купе (с)	[ku'pɛ]
cama (f)	полиця (ж)	[po'litsʲa]
cama (f) de cima	полиця (ж) верхня	[po'litsʲa 'wɛrhnʲa]
cama (f) de baixo	полиця (ж) нижня	[po'litsʲa 'niʒnʲa]
roupa (f) de cama	білизна (ж)	[bi'lizna]
passagem (f)	квиток (ч)	[kwi'tok]
horário (m)	розклад (ч)	['rozklad]
painel (m) de informação	табло (с)	[tab'lo]
partir (vt)	від'їжджати	[wid'jiz'zati]
partida (f)	відправлення (с)	[wid'prawlɛnʲa]
chegar (vi)	прибувати	[pribu'wati]
chegada (f)	прибуття (с)	[pribut'tʲa]
chegar de trem	приїхати поїздом	[pri'jihati 'pojizdom]
pegar o trem	сісти на поїзд	['sisti na 'pojizd]
descer de trem	зійти з поїзду	[zij'ti z 'pojizdu]
acidente (m) ferroviário	катастрофа (ж)	[kata'strofa]
descarrilar (vi)	зійти з рейок	[zij'ti z 'rɛjok]
locomotiva (f) a vapor	паровоз (ч)	[paro'woz]
foguista (m)	кочегар (ч)	[kotʃɛ'har]
fornalha (f)	топка (ж)	['topka]
carvão (m)	вугілля (с)	[wu'hilʲa]

107. Barco

navio (m)	корабель (ч)	[koraˈbɛlʲ]
embarcação (f)	судно (с)	[ˈsudno]
barco (m) a vapor	пароплав (ч)	[paroˈplaw]
barco (m) fluvial	теплохід (ч)	[tɛploˈhid]
transatlântico (m)	лайнер (ч)	[ˈlajnɛr]
cruzeiro (m)	крейсер (ч)	[ˈkrɛjsɛr]
iate (m)	яхта (ж)	[ˈʲahta]
rebocador (m)	буксир (ч)	[bukˈsir]
barcaça (f)	баржа (ж)	[ˈbarʒa]
ferry (m)	паром (ч)	[paˈrɔm]
veleiro (m)	вітрильник (ч)	[wiˈtrilʲnik]
bergantim (m)	бригантина (ж)	[briˈhanʲtʲina]
quebra-gelo (m)	криголам (ч)	[kriˈhoˈlam]
submarino (m)	підводний човен (ч)	[pidˈwɔdnij ˈʧɔwɛn]
bote, barco (m)	човен (ч)	[ˈʧɔwɛn]
baleeira (bote salva-vidas)	шлюпка (ж)	[ˈʃlʲupka]
bote (m) salva-vidas	шлюпка (ж) рятувальна	[ˈʃlʲupka rʲatuˈwalʲna]
lancha (f)	катер (ч)	[ˈkatɛr]
capitão (m)	капітан (ч)	[kapiˈtan]
marinheiro (m)	матрос (ч)	[matˈrɔs]
marujo (m)	моряк (ч)	[moˈrʲak]
tripulação (f)	екіпаж (ч)	[ɛkiˈpaʒ]
contramestre (m)	боцман (ч)	[ˈbɔtsman]
grumete (m)	юнга (ч)	[ˈʲunha]
cozinheiro (m) de bordo	кок (ч)	[kok]
médico (m) de bordo	судновий лікар (ч)	[ˈsudnowij ˈlikar]
convés (m)	палуба (ж)	[ˈpaluba]
mastro (m)	щогла (ж)	[ˈɕɔhla]
vela (f)	вітрило (с)	[wiˈtrilo]
porão (m)	трюм (ч)	[trʲum]
proa (f)	ніс (ч)	[nis]
popa (f)	корма (ж)	[korˈma]
remo (m)	весло (с)	[wɛsˈlɔ]
hélice (f)	гвинт (ч)	[ɦwint]
cabine (m)	каюта (ж)	[kaˈʲuta]
sala (f) dos oficiais	кают-компанія (ж)	[kaˈʲut komˈpaniʲa]
sala (f) das máquinas	машинне відділення (с)	[maˈʃinɛ widˈdilɛnʲa]
ponte (m) de comando	капітанський місток (ч)	[kapiˈtansʲkij misˈtɔk]
sala (f) de comunicações	радіорубка (ж)	[radioˈrubka]
onda (f)	хвиля (ж)	[ˈhwilʲa]
diário (m) de bordo	судновий журнал (ч)	[ˈsudnowij ʒurˈnal]
luneta (f)	підзорна труба (ж)	[piˈdzɔrna truˈba]
sino (m)	дзвін (ч)	[dzwin]

bandeira (f)	прапор (ч)	['prapor]
cabo (m)	канат (ч)	[ka'nat]
nó (m)	вузол (ч)	['wuzol]
corrimão (m)	поручень (ч)	['pɔrutʃɛnʲ]
prancha (f) de embarque	трап (ч)	[trap]
âncora (f)	якір (ч)	['ʲakir]
recolher a âncora	підняти якір	[pid'nʲatɨ 'jakir]
jogar a âncora	кинути якір	['kɨnutɨ 'jakir]
amarra (corrente de âncora)	якірний ланцюг (ч)	['ʲakirnɨj lan'tsʲuɦ]
porto (m)	порт (ч)	[port]
cais, amarradouro (m)	причал (ч)	[prɨ'tʃal]
atracar (vi)	причалювати	[prɨ'tʃalʲuwatɨ]
desatracar (vi)	відчалювати	[wid'tʃalʲuwatɨ]
viagem (f)	подорож (ж)	['pɔdorɔʒ]
cruzeiro (m)	круїз (ч)	[kru'jiz]
rumo (m)	курс (ч)	[kurs]
itinerário (m)	маршрут (ч)	[marʃ'rut]
canal (m) de navegação	фарватер (ч)	[far'watɛr]
banco (m) de areia	мілина (ж)	[mili'na]
encalhar (vt)	сісти на мілину	['sistɨ na mili'nu]
tempestade (f)	буря (ж)	['burʲa]
sinal (m)	сигнал (ч)	[siɦ'nal]
afundar-se (vr)	тонути	[to'nutɨ]
Homem ao mar!	Людина за бортом!	[lʲu'dɨna za 'bortom!]
SOS	SOS	[sos]
boia (f) salva-vidas	рятувальний круг (ч)	[rʲatu'walʲnɨj 'kruɦ]

108. Aeroporto

aeroporto (m)	аеропорт (ч)	[aɛro'port]
avião (m)	літак (ч)	[li'tak]
companhia (f) aérea	авіакомпанія (ж)	[awiakom'paniʲa]
controlador (m) de tráfego aéreo	авіадиспетчер (ч)	[awiadɨs'pɛtʃɛr]
partida (f)	виліт (ч)	['wɨlit]
chegada (f)	приліт (ч), прибуття (с)	[prɨ'lit], [prɨbu'tʲa]
chegar (vi)	прилетіти	[prɨ'lɛtitɨ]
hora (f) de partida	час (ч) вильоту	[tʃas 'wɨlʲotu]
hora (f) de chegada	час (ч) прильоту	[tʃas prɨlʲotu]
estar atrasado	затримуватися	[za'trɨmuwatɨsʲa]
atraso (m) de voo	затримка (ж) вильоту	[za'trɨmka 'wɨlʲotu]
painel (m) de informação	інформаційне табло (с)	[informa'tsijnɛ tab'lo]
informação (f)	інформація (ж)	[infor'matsiʲa]
anunciar (vt)	оголошувати	[oɦo'lɔʃuwatɨ]

voo (m)	рейс (ч)	[rɛjs]
alfândega (f)	митниця (ж)	['mitnitsʲa]
funcionário (m) da alfândega	митник (ч)	['mitnik]

declaração (f) alfandegária	митна декларація (ж)	['mitna dɛkla'ratsiʲa]
preencher (vt)	заповнити	[za'pɔwniti]
preencher a declaração	заповнити декларацію	[za'pɔwniti dɛkla'ratsiʲu]
controle (m) de passaporte	паспортний контроль (ч)	['pasportnij kon'trɔlʲ]

bagagem (f)	багаж (ч)	[ba'ɦaʒ]
bagagem (f) de mão	ручний вантаж (ж)	[rutʃ'nij wan'taʒ]
carrinho (m)	візок (ч) для багажу	[wi'zɔk dlʲa baɦa'ʒu]

pouso (m)	посадка (ж)	[po'sadka]
pista (f) de pouso	посадкова смуга (ж)	[po'sadkowa 'smuɦa]
aterrissar (vi)	сідати	[si'dati]
escada (f) de avião	трап (ч)	[trap]

check-in (m)	реєстрація (ж)	[rɛɛ'stratsiʲa]
balcão (m) do check-in	стійка (ж) реєстрації	['stijka rɛɛ'stratsiji]
fazer o check-in	зареєструватися	[zarɛestru'watisʲa]
cartão (m) de embarque	посадковий талон (ч)	[po'sadkowij ta'lɔn]
portão (m) de embarque	вихід (ч)	['wihid]

trânsito (m)	транзит (ч)	[tran'zit]
esperar (vi, vt)	чекати	[tʃɛ'kati]
sala (f) de espera	зал (ч) очікування	['zal o'tʃikuwanʲa]
despedir-se (acompanhar)	проводжати	[prowo'dʒati]
despedir-se (dizer adeus)	прощатися	[pro'ɕatisʲa]

Eventos

festa (f)	свято (c)	['swʲato]
feriado (m) nacional	національне свято (c)	[natsio'nalʲnɛ 'swʲato]
feriado (m)	святковий день (ч)	[swʲat'kɔwij dɛnʲ]
festejar (vt)	святкувати	[swʲatku'wati]
evento (festa, etc.)	подія (ж)	[po'diʲa]
evento (banquete, etc.)	захід (ч)	['zahid]
banquete (m)	бенкет (ч)	[bɛ'nkɛt]
recepção (f)	прийом (ч)	[pri'jɔm]
festim (m)	святкування (c)	[swʲatku'wanʲa]
aniversário (m)	річниця (ж)	[ritʃ'nitsʲa]
jubileu (m)	ювілей (ч)	[ʲuwi'lɛj]
Ano (m) Novo	Новий рік (ч)	[no'wij rik]
Feliz Ano Novo!	З Новим Роком!	[z no'wim 'rɔkom]
Papai Noel (m)	Санта Клаус (ч)	['santa 'klaus]
Natal (m)	Різдво (c)	[rizd'wɔ]
Feliz Natal!	Щасливого Різдва!	[ɕas'liwoɦo rizd'wa]
fogos (m pl) de artifício	салют (ч)	[sa'lʲut]
casamento (m)	весілля (c)	[wɛ'silʲa]
noivo (m)	наречений (ч)	[narɛ'tʃɛnij]
noiva (f)	наречена (ж)	[narɛ'tʃɛna]
convidar (vt)	запрошувати	[za'prɔʃuwati]
convite (m)	запрошення (c)	[za'prɔʃɛnʲa]
convidado (m)	гість (ч)	[ɦistʲ]
visitar (vt)	йти в гості	[jti w 'ɦosti]
receber os convidados	зустрічати гостей	[zustri'tʃati ɦos'tɛj]
presente (m)	подарунок (ч)	[poda'runok]
oferecer, dar (vt)	дарувати	[daru'wati]
receber presentes	отримувати подарунки	[ot'rimuwati poda'runki]
buquê (m) de flores	букет (ч)	[bu'kɛt]
felicitações (f pl)	привітання (c)	[priwi'tanʲa]
felicitar (vt)	вітати	[wi'tati]
cartão (m) de parabéns	вітальна листівка (ж)	[wi'talʲna lis'tiwka]
enviar um cartão postal	надіслати листівку	[nadi'slati lis'tiwku]
receber um cartão postal	отримати листівку	[ot'rimati lis'tiwku]
brinde (m)	тост (ч)	[tost]
oferecer (vt)	пригощати	[priɦo'ɕati]

champanhe (m)	шампанське (c)	[ʃam'pansʲkɛ]
divertir-se (vr)	веселитися	[wɛsɛ'litisʲa]
diversão (f)	веселощі (мн)	[wɛ'sɛloçi]
alegria (f)	радість (ж)	['radistʲ]

| dança (f) | танець (ч) | ['tanɛts] |
| dançar (vi) | танцювати | [tantsʲu'wati] |

| valsa (f) | вальс (ч) | [walʲs] |
| tango (m) | танго (c) | ['tanfio] |

110. Funerais. Enterro

cemitério (m)	цвинтар (ч)	['tswintar]
sepultura (f), túmulo (m)	могила (ж)	[mo'fiila]
cruz (f)	хрест (ч)	[hrɛst]
lápide (f)	надгробок (ч)	[nad'firɔbok]
cerca (f)	огорожа (ж)	[ofio'rɔʒa]
capela (f)	каплиця (ж)	[kap'litsʲa]

morte (f)	смерть (ж)	[smɛrtʲ]
morrer (vi)	померти	[po'mɛrti]
defunto (m)	покійник (ч)	[po'kijnik]
luto (m)	траур (ч)	['traur]

enterrar, sepultar (vt)	ховати	[ho'wati]
funerária (f)	похоронне бюро (c)	[poho'rɔnɛ bʲuro]
funeral (m)	похорон (ч)	['pɔhoron]

coroa (f) de flores	вінок (ч)	[wi'nɔk]
caixão (m)	труна (ж)	[tru'na]
carro (m) funerário	катафалк (ч)	[kata'falk]
mortalha (f)	саван (ч)	[sa'wan]

procissão (f) funerária	траурна процесія (ж)	['traurna pro'tsɛsiʲa]
urna (f) funerária	поховальна урна (ж)	[poho'walʲna 'urna]
crematório (m)	крематорій (ч)	[krɛma'tɔrij]

obituário (m), necrologia (f)	некролог (ч)	[nɛkro'lɔfi]
chorar (vi)	плакати	['plakati]
soluçar (vi)	ридати	[ri'dati]

111. Guerra. Soldados

pelotão (m)	взвод (ч)	[wzwod]
companhia (f)	рота (ж)	['rɔta]
regimento (m)	полк (ч)	[polk]
exército (m)	армія (ж)	['armiʲa]
divisão (f)	дивізія (ж)	[diˈwiziʲa]

| esquadrão (m) | загін (ч) | [za'fiin] |
| hoste (f) | військо (c) | ['wijsʲko] |

soldado (m)	солдат (ч)	[sol'dat]
oficial (m)	офіцер (ч)	[ofi'tsɛr]

soldado (m) raso	рядовий (ч)	[rʲado'wij]
sargento (m)	сержант (ч)	[sɛr'ʒant]
tenente (m)	лейтенант (ч)	[lɛjtɛ'nant]
capitão (m)	капітан (ч)	[kapi'tan]
major (m)	майор (ч)	[ma'jɔr]
coronel (m)	полковник (ч)	[pol'kɔwnik]
general (m)	генерал (ч)	[ɦɛnɛ'ral]

marujo (m)	моряк (ч)	[mo'rʲak]
capitão (m)	капітан (ч)	[kapi'tan]
contramestre (m)	боцман (ч)	['bɔtsman]

artilheiro (m)	артилерист (ч)	[artilɛ'rist]
soldado (m) paraquedista	десантник (ч)	[dɛ'santnik]
piloto (m)	льотчик (ч)	[lʲotʃik]
navegador (m)	штурман (ч)	['ʃturman]
mecânico (m)	механік (ч)	[mɛ'hanik]

sapador-mineiro (m)	сапер (ч)	[sa'pɛr]
paraquedista (m)	парашутист (ч)	[paraʃu'tist]
explorador (m)	розвідник (ч)	[roz'widnik]
atirador (m) de tocaia	снайпер (ч)	['snajpɛr]

patrulha (f)	патруль (ч)	[pat'rulʲ]
patrulhar (vt)	патрулювати	[patrulʲu'wati]
sentinela (f)	вартовий (ч)	[warto'wij]

guerreiro (m)	воїн (ч)	['wɔjin]
patriota (m)	патріот (ч)	[patri'ɔt]
herói (m)	герой (ч)	[ɦɛ'rɔj]
heroína (f)	героїня (ж)	[ɦɛro'jinʲa]

traidor (m)	зрадник (ч)	['zradnik]
trair (vt)	зраджувати	['zradʒuwati]
desertor (m)	дезертир (ч)	[dɛzɛr'tir]
desertar (vt)	дезертирувати	[dɛzɛr'tiruwati]

mercenário (m)	найманець (ч)	['najmanɛts]
recruta (m)	новобранець (ч)	[nowo'branɛts]
voluntário (m)	доброволець (ч)	[dobro'wɔlɛts]

morto (m)	убитий (ч)	[u'bitij]
ferido (m)	поранений (ч)	[po'ranɛnij]
prisioneiro (m) de guerra	полонений (ч)	[polo'nɛnij]

112. Guerra. Ações militares. Parte 1

guerra (f)	війна (ж)	[wij'na]
guerrear (vt)	воювати	[wo'u'wati]
guerra (f) civil	громадянська війна (ж)	[ɦroma'dʲansʲka wij'na]
perfidamente	віроломно	[wiro'lɔmno]

declaração (f) de guerra	оголошення (c) війни	[oɦo'lɔʃɛnʲa wij'nɨ]
declarar guerra	оголосити	[oɦolo'sitɨ]
agressão (f)	агресія (ж)	[aɦ'rɛsʲʲa]
atacar (vt)	нападати	[napa'datɨ]
invadir (vt)	захоплювати	[za'ɦɔplʲuwatɨ]
invasor (m)	загарбник (ч)	[za'ɦarbnɨk]
conquistador (m)	завойовник (ч)	[zawo'jɔwnɨk]
defesa (f)	оборона (ж)	[obo'rɔna]
defender (vt)	обороняти	[oboro'nʲatɨ]
defender-se (vr)	оборонятися	[oboro'nʲatisʲa]
inimigo (m)	ворог (ч)	['wɔroɦ]
adversário (m)	супротивник (ч)	[supro'tiwnɨk]
inimigo (adj)	ворожий	[wo'rɔʒɨj]
estratégia (f)	стратегія (ж)	[stra'tɛɦiʲa]
tática (f)	тактика (ж)	['taktɨka]
ordem (f)	наказ (ч)	[na'kaz]
comando (m)	команда (ж)	[ko'manda]
ordenar (vt)	наказувати	[na'kazuwatɨ]
missão (f)	завдання (c)	[zaw'danʲa]
secreto (adj)	таємний	[ta'ɛmnɨj]
batalha (f)	битва (ж)	['bitwa]
combate (m)	бій (ч)	[bij]
ataque (m)	атака (ж)	[a'taka]
assalto (m)	штурм (ч)	[ʃturm]
assaltar (vt)	штурмувати	[ʃturmu'watɨ]
assédio, sítio (m)	облога (ж)	[ob'lɔɦa]
ofensiva (f)	наступ (ч)	['nastup]
tomar à ofensiva	наступати	[nastu'patɨ]
retirada (f)	відступ (ч)	['widstup]
retirar-se (vr)	відступати	[widstu'patɨ]
cerco (m)	оточення (c)	[o'tɔtʃɛnʲa]
cercar (vt)	оточувати	[o'tɔtʃuwatɨ]
bombardeio (m)	бомбардування (c)	[bombardu'wanʲa]
lançar uma bomba	скинути бомбу	['skɨnutɨ 'bɔmbu]
bombardear (vt)	бомбардувати	[bombardu'watɨ]
explosão (f)	вибух (ч)	['wɨbuɦ]
tiro (m)	постріл (ч)	['pɔstril]
dar um tiro	вистрілити	['wɨstrilitɨ]
tiroteio (m)	стрілянина (ж)	[strilʲa'nɨna]
apontar para ...	цілитися	['tsilitisʲa]
apontar (vt)	навести	[na'wɛstɨ]
acertar (vt)	влучити	['wlutʃitɨ]
afundar (~ um navio, etc.)	потопити	[poto'pitɨ]

brecha (f)	пробоїна (ж)	[pro'bɔjina]
afundar-se (vr)	йти на дно	[jtɨ na dno]
frente (m)	фронт (ч)	[front]
evacuação (f)	евакуація (ж)	[ɛwaku'atsiˈa]
evacuar (vt)	евакуювати	[ɛwakuˈu'wati]
trincheira (f)	окоп (ч), траншея (ж)	[o'kɔp], [tran'ʃɛˈa]
arame (m) enfarpado	колючий дріт (ч)	[ko'lˈutʃij drit]
barreira (f) anti-tanque	загородження (с)	[zaɦo'rɔdʒɛnˈa]
torre (f) de vigia	вишка (ж)	['wiʃka]
hospital (m) militar	шпиталь (ч)	[ʃpɨ'talˈ]
ferir (vt)	поранити	[po'raniti]
ferida (f)	рана (ж)	['rana]
ferido (m)	поранений (ч)	[po'ranɛnij]
ficar ferido	отримати поранення	[ot'rimati po'ranɛnˈa]
grave (ferida ~)	важкий	[waʒ'kij]

113. Guerra. Ações militares. Parte 2

cativeiro (m)	полон (ч)	[po'lɔn]
capturar (vt)	взяти в полон	['wzˈati w po'lɔn]
estar em cativeiro	бути в полоні	['buti w po'lɔni]
ser aprisionado	потрапити в полон	[pot'rapiti w po'lɔn]
campo (m) de concentração	концтабір (ч)	[konts'tabir]
prisioneiro (m) de guerra	полонений (ч)	[polo'nɛnij]
escapar (vi)	тікати	[ti'kati]
trair (vt)	зрадити	['zraditi]
traidor (m)	зрадник (ч)	['zradnik]
traição (f)	зрада (ж)	['zrada]
fuzilar, executar (vt)	розстріляти	[rozstri'lˈati]
fuzilamento (m)	розстріл (ч)	['rɔzstril]
equipamento (m)	обмундирування (с)	[obmundiru'wanˈa]
insígnia (f) de ombro	погон (ч)	[po'ɦɔn]
máscara (f) de gás	протигаз (ч)	[proti'ɦaz]
rádio (m)	рація (ж)	['ratsiˈa]
cifra (f), código (m)	шифр (ч)	[ʃifr]
conspiração (f)	конспірація (ж)	[konspi'ratsiˈa]
senha (f)	пароль (ч)	[pa'rɔlˈ]
mina (f)	міна (ж)	['mina]
minar (vt)	мінувати	[minu'wati]
campo (m) minado	мінне поле (с)	['minɛ 'pɔlɛ]
alarme (m) aéreo	повітряна тривога (ж)	[po'witrˈana tri'wɔɦa]
alarme (m)	тривога (ж)	[tri'wɔɦa]
sinal (m)	сигнал (ч)	[siɦ'nal]
sinalizador (m)	сигнальна ракета (ж)	[siɦ'nalˈna ra'kɛta]

quartel-general (m)	штаб (ч)	[ʃtab]
reconhecimento (m)	розвідка (ж)	['rɔzwidka]
situação (f)	обстановка (ж)	[obsta'nɔwka]
relatório (m)	рапорт (ч)	['raport]
emboscada (f)	засідка (ж)	['zasidka]
reforço (m)	підкріплення (с)	[pid'kriplɛnʲa]

alvo (m)	мішень (ж)	[mi'ʃɛnʲ]
campo (m) de tiro	полігон (ч)	[poli'hɔn]
manobras (f pl)	маневри (мн)	[ma'nɛwri]

pânico (m)	паніка (ж)	['panika]
devastação (f)	розруха (ж)	[roz'ruha]
ruínas (f pl)	руйнування (мн)	[rujnu'wanʲa]
destruir (vt)	зруйнувати	[zrujnu'wati]

sobreviver (vi)	вижити	['wiʒiti]
desarmar (vt)	обеззброїти	[obɛz'zbrojiti]
manusear (vt)	поводитися	[po'wɔditisʲa]

Sentido!	Струнко!	['strunko]
Descansar!	Вільно!	['wilʲno]

façanha (f)	подвиг (ч)	['pɔdwiɦ]
juramento (m)	клятва (ж)	['klʲatwa]
jurar (vi)	клястися	['klʲastisʲa]

condecoração (f)	нагорода (ж)	[naɦo'rɔda]
condecorar (vt)	нагороджувати	[naɦo'rɔdʒuwati]
medalha (f)	медаль (ж)	[mɛ'dalʲ]
ordem (f)	орден (ч)	['ɔrdɛn]

vitória (f)	перемога (ж)	[pɛrɛ'mɔɦa]
derrota (f)	поразка (ж)	[po'razka]
armistício (m)	перемир'я (с)	[pɛrɛ'mirʲʲa]

bandeira (f)	прапор (ч)	['prapor]
glória (f)	слава (ж)	['slawa]
parada (f)	парад (ч)	[pa'rad]
marchar (vi)	марширувати	[marʃiru'wati]

114. Armas

arma (f)	зброя (ж)	['zbrɔʲa]
arma (f) de fogo	вогнепальна зброя (ж)	[woɦnɛ'palʲna 'zbrɔʲa]
arma (f) branca	холодна зброя (ж)	[ho'lɔdna 'zbrɔʲa]

arma (f) química	хімічна зброя (ж)	[hi'mitʃna 'zbrɔʲa]
nuclear (adj)	ядерний	['ʲadɛrnij]
arma (f) nuclear	ядерна зброя (ж)	['ʲadɛrna 'zbrɔʲa]

bomba (f)	бомба (ж)	['bɔmba]
bomba (f) atômica	атомна бомба (ж)	['atomna 'bɔmba]
pistola (f)	пістолет (ч)	[pisto'lɛt]

rifle (m)	рушниця (ж)	[ruʃ'nitsʲa]
semi-automática (f)	автомат (ч)	[awto'mat]
metralhadora (f)	кулемет (ч)	[kulɛ'mɛt]
boca (f)	дуло (с)	['dulo]
cano (m)	ствол (ч)	[stwol]
calibre (m)	калібр (ч)	[ka'libr]
gatilho (m)	курок (ч)	[ku'rɔk]
mira (f)	приціл (ч)	[pri'tsil]
carregador (m)	магазин (ч)	[maɦa'zin]
coronha (f)	приклад (ч)	[prik'lad]
granada (f) de mão	граната (ж)	[ɦra'nata]
explosivo (m)	вибухівка (ж)	[wibu'hiwka]
bala (f)	куля (ж)	['kulʲa]
cartucho (m)	патрон (ч)	[pat'rɔn]
carga (f)	заряд (ч)	[za'rʲad]
munições (f pl)	боєприпаси (мн)	[bɔɛpri'pasi]
bombardeiro (m)	бомбардувальник (ч)	[bombardu'walʲnik]
avião (m) de caça	винищувач (ч)	[wi'niɕuwatʃ]
helicóptero (m)	вертоліт (ч)	[wɛrto'lit]
canhão (m) antiaéreo	зенітка (ж)	[zɛ'nitka]
tanque (m)	танк (ч)	[tank]
canhão (de um tanque)	гармата (ж)	[ɦar'mata]
artilharia (f)	артилерія (ж)	[arti'lɛrʲia]
canhão (m)	гармата (ж)	[ɦar'mata]
fazer a pontaria	навести	[na'wɛsti]
morteiro (m)	міномет (ч)	[mino'mɛt]
granada (f) de morteiro	міна (ж)	['mina]
projétil (m)	снаряд (ч)	[sna'rʲad]
estilhaço (m)	осколок (ч)	[os'kolok]
submarino (m)	підводний човен (ч)	[pid'wɔdnij 'tʃɔwɛn]
torpedo (m)	торпеда (ж)	[tor'pɛda]
míssil (m)	ракета (ж)	[ra'kɛta]
carregar (uma arma)	заряджати	[zarʲa'dʒati]
disparar, atirar (vi)	стріляти	[stri'lʲati]
apontar para …	цілитися	['tsilitisʲa]
baioneta (f)	багнет (ч)	[baɦ'nɛt]
espada (f)	шпага (ж)	['ʃpaɦa]
sabre (m)	шабля (ж)	['ʃablʲa]
lança (f)	спис (ч)	[spis]
arco (m)	лук (ч)	[luk]
flecha (f)	стріла (ж)	[stri'la]
mosquete (m)	мушкет (ч)	[muʃ'kɛt]
besta (f)	арбалет (ч)	[arba'lɛt]

115. Povos da antiguidade

primitivo (adj)	первісний	[pɛr'wisnij]
pré-histórico (adj)	доісторичний	[doisto'ritʃnij]
antigo (adj)	стародавній	[staro'dawnij]
Idade (f) da Pedra	Кам'яний вік (ч)	[kam²ja'nij wik]
Idade (f) do Bronze	Бронзовий вік (ч)	['brɔnzowij wik]
Era (f) do Gelo	льодовиковий період (ч)	[lʲodowɨ'kɔwij pɛ'riod]
tribo (f)	плем'я (с)	['plɛm²ja]
canibal (m)	людоїд (ч)	[lʲudo'jid]
caçador (m)	мисливець (ч)	[mɨs'liwɛts]
caçar (vi)	полювати	[polʲu'wati]
mamute (m)	мамонт (ч)	['mamont]
caverna (f)	печера (ж)	[pɛ'ʧɛra]
fogo (m)	вогонь (ч)	[wo'hɔnʲ]
fogueira (f)	багаття (с)	[ba'hattʲa]
pintura (f) rupestre	наскальний малюнок (ч)	[na'skalʲnij ma'lʲunok]
ferramenta (f)	знаряддя (с) праці	[zna'rʲaddʲa 'pratsi]
lança (f)	спис (ч)	[spis]
machado (m) de pedra	кам'яна сокира (ж)	[kam²ja'na so'kira]
guerrear (vt)	воювати	[woʲu'wati]
domesticar (vt)	приручати	[priru'ʧati]
ídolo (m)	ідол (ч)	['idol]
adorar, venerar (vt)	поклонятися	[poklo'nʲatisʲa]
superstição (f)	забобони (мн)	[zabo'boni]
ritual (m)	обряд, ритуал (ч)	[ob'rʲad], [ritu'al]
evolução (f)	еволюція (ж)	[ɛwo'lʲutsiʲa]
desenvolvimento (m)	розвиток (ч)	['rɔzwitok]
extinção (f)	зникнення (с)	['zniknɛnʲa]
adaptar-se (vr)	пристосовуватися	[pristosowu'watisʲa]
arqueologia (f)	археологія (ж)	[arhɛo'lɔhiʲa]
arqueólogo (m)	археолог (ч)	[arhɛ'ɔloh]
arqueológico (adj)	археологічний	[arhɛolo'hiʧnij]
escavação (sítio)	розкопки (мн)	[roz'kɔpki]
escavações (f pl)	розкопки (мн)	[roz'kɔpki]
achado (m)	знахідка (ж)	[zna'hidka]
fragmento (m)	фрагмент (ч)	[frah'mɛnt]

116. Idade média

povo (m)	народ (ч)	[na'rɔd]
povos (m pl)	народи (мн)	[na'rɔdi]
tribo (f)	плем'я (с)	['plɛm²ja]
tribos (f pl)	племена (мн)	[plɛmɛ'na]
bárbaros (pl)	варвари (мн)	['warwari]

galeses (pl)	гали (ч)	['ɦali]
godos (pl)	готи (мн)	['ɦɔti]
eslavos (pl)	слов'яни (мн)	[slo'w^jani]
viquingues (pl)	вікінги (мн)	['wikinɦi]

| romanos (pl) | римляни (мн) | [rim'l^jani] |
| romano (adj) | Римський Папа | ['rims^jkij 'papa] |

bizantinos (pl)	візантійці (мн)	[wizan'tijtsi]
Bizâncio	Візантія (ж)	[wizan'ti^ja]
bizantino (adj)	візантійський	[wizan'tijs^jkij]

imperador (m)	імператор (ч)	[impɛ'rator]
líder (m)	вождь (ч)	[woʒd^j]
poderoso (adj)	могутній	[mo'ɦutnij]
rei (m)	король (ч)	[ko'rɔl^j]
governante (m)	правитель (ч)	[pra'witɛl^j]

cavaleiro (m)	лицар (ч)	['litsar]
senhor feudal (m)	феодал (ч)	[fɛo'dal]
feudal (adj)	феодальний	[fɛo'dal^jnij]
vassalo (m)	васал (ч)	[wa'sal]

duque (m)	герцог (ч)	['ɦɛrtsoɦ]
conde (m)	граф (ч)	[ɦraf]
barão (m)	барон (ч)	[ba'rɔn]
bispo (m)	єпископ (ч)	[ɛ'piskop]

armadura (f)	лати (мн)	['lati]
escudo (m)	щит (ч)	[ɕit]
espada (f)	меч (ч)	[mɛtʃ]
viseira (f)	забрало (с)	[za'bralo]
cota (f) de malha	кольчуга (ж)	[kol^j'tʃuɦa]

| cruzada (f) | хрестовий похід (ч) | [hrɛs'tɔwij po'hid] |
| cruzado (m) | хрестоносець (ч) | [hrɛsto'nɔsɛts] |

território (m)	територія (ж)	[tɛri'tɔri^ja]
atacar (vt)	нападати	[napa'dati]
conquistar (vt)	завоювати	[zawo^ju'wati]
ocupar, invadir (vt)	захопити	[zaho'piti]

assédio, sítio (m)	облога (ж)	[ob'lɔɦa]
sitiado (adj)	обложений	[ob'lɔʒɛnij]
assediar, sitiar (vt)	облягати	[obl^ja'ɦati]

inquisição (f)	інквізиція (ж)	[inkwi'zitsi^ja]
inquisidor (m)	інквізитор (ч)	[inkwi'zitor]
tortura (f)	катування (с)	[katu'wan^ja]
cruel (adj)	жорстокий	[ʒor'stɔkij]
herege (m)	єретик (ч)	[ɛ'rɛtik]
heresia (f)	єресь (ж)	['ɛrɛs^j]

navegação (f) marítima	мореплавання (с)	[morɛ'plawan^ja]
pirata (m)	пірат (ч)	[pi'rat]
pirataria (f)	піратство (с)	[pi'ratstwo]

abordagem (f)	абордаж (ч)	[abor'daʒ]
presa (f), butim (m)	здобич (ж)	['zdɔbitʃ]
tesouros (m pl)	скарби (мн)	[skar'bi]

descobrimento (m)	відкриття (с)	[widkrit'tʲa]
descobrir (novas terras)	відкрити	[wid'kriti]
expedição (f)	експедиція (ж)	[ɛkspɛ'ditsiʲa]

mosqueteiro (m)	мушкетер (ч)	[muʃkɛ'tɛr]
cardeal (m)	кардинал (ч)	[kardi'nal]
heráldica (f)	геральдика (ж)	[ɦɛ'ralʲdika]
heráldico (adj)	геральдичний	[ɦɛralʲ'ditʃnij]

117. Líder. Chefe. Autoridades

rei (m)	король (ч)	[ko'rɔlʲ]
rainha (f)	королева (ж)	[koro'lɛwa]
real (adj)	королівський	[koro'liwsʲkij]
reino (m)	королівство (с)	[koro'liwstwo]

príncipe (m)	принц (ч)	[prints]
princesa (f)	принцеса (ж)	[prin'tsɛsa]

presidente (m)	президент (ч)	[prɛzi'dɛnt]
vice-presidente (m)	віце-президент (ч)	['witsɛ prɛzi'dɛnt]
senador (m)	сенатор (ч)	[sɛ'nator]

monarca (m)	монарх (ч)	[mo'narh]
governante (m)	правитель (ч)	[pra'witɛlʲ]
ditador (m)	диктатор (ч)	[dik'tator]
tirano (m)	тиран (ч)	[ti'ran]
magnata (m)	магнат (ч)	[maɦ'nat]

diretor (m)	директор (ч)	[di'rɛktor]
chefe (m)	шеф (ч)	[ʃɛf]
gerente (m)	керівник (ч)	[kɛriw'nik]
patrão (m)	бос (ч)	[bos]
dono (m)	господар (ч)	[ɦos'podar]

líder (m)	вождь (ч), лідер (ч)	[woʒdʲ], ['lidɛr]
chefe (m)	голова (ж)	[ɦolo'wa]
autoridades (f pl)	влада (ж)	['wlada]
superiores (m pl)	керівництво (с)	[kɛriw'nitstwo]

governador (m)	губернатор (ч)	[ɦubɛr'nator]
cônsul (m)	консул (ч)	['kɔnsul]
diplomata (m)	дипломат (ч)	[diplo'mat]
Presidente (m) da Câmara	мер (ч)	[mɛr]
xerife (m)	шериф (ч)	[ʃɛ'rif]

imperador (m)	імператор (ч)	[impɛ'rator]
czar (m)	цар (ч)	[tsar]
faraó (m)	фараон (ч)	[fara'ɔn]
cã, khan (m)	хан (ч)	[han]

118. Violação da lei. Criminosos. Parte 1

bandido (m)	бандит (ч)	[ban'dɨt]
crime (m)	злочин (ч)	['zlɔʧin]
criminoso (m)	злочинець (ч)	[zlo'ʧinɛts]
ladrão (m)	злодій (ч)	['zlɔdij]
roubar (vt)	красти	['krasti]
roubo (atividade)	викрадення (с)	['wɨkradɛnʲa]
furto (m)	крадіжка (ж)	[kra'diʒka]
raptar, sequestrar (vt)	викрасти	['wɨkrasti]
sequestro (m)	викрадення (с)	['wɨkradɛnʲa]
sequestrador (m)	викрадач (ч)	[wɨkra'daʧ]
resgate (m)	викуп (ч)	['wɨkup]
pedir resgate	вимагати викуп	[wima'ɦatɨ 'wɨkup]
roubar (vt)	грабувати	[ɦrabu'watɨ]
assalto, roubo (m)	пограбування (с), грабіж (ч)	[poɦrabu'wanʲa], [ɦra'biʒ]
assaltante (m)	грабіжник (ч)	[ɦra'biʒnik]
extorquir (vt)	вимагати	[wima'ɦatɨ]
extorsionário (m)	вимагач (ч)	[wima'ɦaʧ]
extorsão (f)	вимагання (с)	[wima'ɦanʲa]
matar, assassinar (vt)	вбити	['wbɨti]
homicídio (m)	вбивство (с)	['wbɨwstwo]
homicida, assassino (m)	вбивця (ч)	['wbɨwtsʲa]
tiro (m)	постріл (ч)	['pɔstril]
dar um tiro	вистрілити	['wistriliti]
matar a tiro	застрелити	[za'strɛliti]
disparar, atirar (vi)	стріляти	[stri'lʲati]
tiroteio (m)	стрілянина (ж)	[strilʲa'nɨna]
incidente (m)	подія (ж)	[po'diʲa]
briga (~ de rua)	бійка (ж)	['bijka]
Socorro!	Допоможіть! Врятуйте!	[dopomo'ʒitʲ], [wrʲa'tujtɛ!]
vítima (f)	жертва (ж)	['ʒɛrtwa]
danificar (vt)	пошкодити	[poʃ'kɔditi]
dano (m)	шкода (ж)	['ʃkɔda]
cadáver (m)	труп (ч)	[trup]
grave (adj)	тяжкий	[tʲaʒ'kij]
atacar (vt)	напасти	[na'pasti]
bater (espancar)	бити	['biti]
espancar (vt)	побити	[po'biti]
tirar, roubar (dinheiro)	відібрати	[widi'brati]
esfaquear (vt)	зарізати	[za'rizati]
mutilar (vt)	покалічити	[poka'liʧiti]
ferir (vt)	поранити	[po'raniti]
chantagem (f)	шантаж (ч)	[ʃan'taʒ]
chantagear (vt)	шантажувати	[ʃantaʒu'wati]

chantagista (m)	шантажист (ч)	[ʃanta'ʒist]
extorsão (f)	рекет (ч)	['rɛkɛt]
extorsionário (m)	рекетир (ч)	[rɛkɛ'tir]
gângster (m)	гангстер (ч)	['ɦanɦstɛr]
máfia (f)	мафія (ж)	['mafiʲa]

punguista (m)	кишеньковий злодій (ч)	[kiʃɛnʲ'kɔwij 'zlɔdij]
assaltante, ladrão (m)	зломщик (ч)	['zlɔmɕik]
contrabando (m)	контрабанда (ж)	[kontra'banda]
contrabandista (m)	контрабандист (ч)	[kontraban'dist]

falsificação (f)	підробка (ж)	[pid'rɔbka]
falsificar (vt)	підробляти	[pidrob'lʲati]
falsificado (adj)	фальшивий	[falʲ'ʃiwij]

119. Violação da lei. Criminosos. Parte 2

estupro (m)	зґвалтування (c)	[zgwaltu'wanʲa]
estuprar (vt)	зґвалтувати	[zgwaltu'wati]
estuprador (m)	ґвалтівник (ч)	[gwaltiw'nik]
maníaco (m)	маніяк (ч)	[mani'ʲak]

prostituta (f)	проститутка (ж)	[prosti'tutka]
prostituição (f)	проституція (ж)	[prosti'tutsiʲa]
cafetão (m)	сутенер (ч)	[sutɛ'nɛr]

| drogado (m) | наркоман (ч) | [narko'man] |
| traficante (m) | наркоторговець (ч) | [narkotor'ɦowɛts] |

explodir (vt)	підірвати	[pidir'wati]
explosão (f)	вибух (ч)	['wibuh]
incendiar (vt)	підпалити	[pidpa'liti]
incendiário (m)	підпалювач (ч)	[pid'palʲuwatʃ]

terrorismo (m)	тероризм (ч)	[tɛro'rizm]
terrorista (m)	терорист (ч)	[tɛro'rist]
refém (m)	заручник (ч)	[za'rutʃnik]

enganar (vt)	обманути	[obma'nuti]
engano (m)	обман (ч)	[ob'man]
vigarista (m)	шахрай (ч)	[ʃah'raj]

subornar (vt)	підкупити	[pidku'piti]
suborno (atividade)	підкуп (ч)	['pidkup]
suborno (dinheiro)	хабар (ч)	[ha'bar]

veneno (m)	отрута (ж)	[ot'ruta]
envenenar (vt)	отруїти	[otru'jiti]
envenenar-se (vr)	отруїтись	[otru'jitisʲ]

suicídio (m)	самогубство (c)	[samo'ɦubstwo]
suicida (m)	самогубець (ч)	[samo'ɦubɛtsʲ]
ameaçar (vt)	погрожувати	[poɦ'rɔʒuwati]
ameaça (f)	погроза (ж)	[poɦ'rɔza]

| atentar contra a vida de ... | вчинити замах | [wtʃi'niti 'zamah] |
| atentado (m) | замах (ч) | ['zamah] |

| roubar (um carro) | украсти | [uk'rasti] |
| sequestrar (um avião) | викрасти | ['wɨkrasti] |

| vingança (f) | помста (ж) | ['pɔmsta] |
| vingar (vt) | мстити | ['mstiti] |

torturar (vt)	катувати	[katu'wati]
tortura (f)	катування (c)	[katu'wanʲa]
atormentar (vt)	мучити	['mutʃiti]

pirata (m)	пірат (ч)	[pi'rat]
desordeiro (m)	хуліган (ч)	[huli'ɦan]
armado (adj)	озброєний	[oz'brɔɛnij]
violência (f)	насильство (c)	[na'siɫʲstwo]
ilegal (adj)	нелегальний	[nɛlɛ'ɦalʲnij]

| espionagem (f) | шпигунство (c) | [ʃpiˈɦunstwo] |
| espionar (vi) | шпигувати | [ʃpiɦu'wati] |

120. Polícia. Lei. Parte 1

| justiça (sistema de ~) | правосуддя (c) | [prawo'suddʲa] |
| tribunal (m) | суд (ч) | [sud] |

juiz (m)	суддя (ч)	[sud'dʲa]
jurados (m pl)	присяжні (мн)	[pri'sʲaʒni]
tribunal (m) do júri	суд (ч) присяжних	[sud pri'sʲaʒnɨh]
julgar (vt)	судити	[su'diti]

advogado (m)	адвокат (ч)	[adwo'kat]
réu (m)	підсудний (ч)	[pid'sudnij]
banco (m) dos réus	лава (ж) підсудних	['lawa pid'sudnih]

| acusação (f) | обвинувачення (c) | [obwinu'watʃɛnʲa] |
| acusado (m) | обвинувачений (ч) | [obwinu'watʃɛnij] |

| sentença (f) | вирок (ч) | ['wirok] |
| sentenciar (vt) | присудити | [prisu'diti] |

culpado (m)	винуватець (ч)	[winu'watɛts]
punir (vt)	покарати	[poka'rati]
punição (f)	покарання (c)	[poka'ranʲa]

multa (f)	штраф (ч)	[ʃtraf]
prisão (f) perpétua	довічне ув'язнення (c)	[do'witʃnɛ u'wʲaznɛnʲa]
pena (f) de morte	смертна кара (ж)	['smɛrtna 'kara]
cadeira (f) elétrica	електричний стілець (ч)	[ɛlɛkt'ritʃnij sti'lɛts]
forca (f)	шибениця (ж)	['ʃibɛnitsʲa]

| executar (vt) | стратити | ['stratiti] |
| execução (f) | страта (ж) | ['strata] |

| prisão (f) | в'язниця (ж) | [wʲazˈnitsʲa] |
| cela (f) de prisão | камера (ж) | [ˈkamɛra] |

escolta (f)	конвой (ч)	[konˈwɔj]
guarda (m) prisional	наглядач (ч)	[naɦlʲaˈdatʃ]
preso, prisioneiro (m)	в'язень (ч)	[ˈwʲazɛnʲ]

| algemas (f pl) | наручники (мн) | [naˈrutʃniki] |
| algemar (vt) | надіти наручники | [naˈditi naˈrutʃniki] |

fuga, evasão (f)	втеча (ж)	[ˈwtɛtʃa]
fugir (vi)	утекти	[utɛkˈti]
desaparecer (vi)	зникнути	[ˈzniknuti]
soltar, libertar (vt)	звільнити	[zwilʲˈniti]
anistia (f)	амністія (ж)	[amˈnistʲia]

polícia (instituição)	поліція (ж)	[poˈlitsʲia]
polícia (m)	поліцейський (ч)	[poliˈtsɛjsʲkij]
delegacia (f) de polícia	поліцейський відділок (ч)	[poliˈtsɛjsʲkij ˈwiddilok]
cassetete (m)	гумовий кийок (ч)	[ˈɦumowij kiˈjɔk]
megafone (m)	рупор (ч)	[ˈrupor]

carro (m) de patrulha	патрульна машина (ж)	[patˈrulʲna maˈʃina]
sirene (f)	сирена (ж)	[siˈrɛna]
ligar a sirene	увімкнути сирену	[uwimkˈnuti siˈrɛnu]
toque (m) da sirene	виття (с) сирени	[witˈtʲa siˈrɛni]

cena (f) do crime	місце (с) події	[ˈmistsɛ poˈdiji]
testemunha (f)	свідок (ч)	[ˈswidok]
liberdade (f)	воля (ж)	[ˈwɔlʲa]
cúmplice (m)	спільник (ч)	[ˈspilʲnik]
escapar (vi)	зникнути	[ˈzniknuti]
traço (não deixar ~s)	слід (ч)	[slid]

121. Polícia. Lei. Parte 2

procura (f)	розшук (ч)	[ˈrɔzʃuk]
procurar (vt)	розшукувати	[rozˈʃukuwati]
suspeita (f)	підозра (ж)	[piˈdɔzra]
suspeito (adj)	підозрілий	[pidoˈzrilij]
parar (veículo, etc.)	зупинити	[zupiˈniti]
deter (fazer parar)	затримати	[zaˈtrimati]

caso (~ criminal)	справа (ж)	[ˈsprawa]
investigação (f)	розслідування (с)	[rozˈsliduwanʲa]
detetive (m)	детектив (ч)	[dɛtɛkˈtiw]
investigador (m)	слідчий (ч)	[ˈslidtʃij]
versão (f)	версія (ж)	[ˈwɛrsʲia]

motivo (m)	мотив (ч)	[moˈtiw]
interrogatório (m)	допит (ч)	[ˈdɔpit]
interrogar (vt)	допитувати	[doˈpituwati]
questionar (vt)	опитувати	[oˈpituwati]
verificação (f)	перевірка (ж)	[pɛrɛˈwirka]

batida (f) policial	облава (ж)	[ob'lawa]
busca (f)	обшук (ч)	['ɔbʃuk]
perseguição (f)	погоня (ж)	[po'hɔnʲa]
perseguir (vt)	переслідувати	[pɛrɛs'liduwatɨ]
seguir, rastrear (vt)	слідкувати	[slidku'watɨ]

prisão (f)	арешт (ч)	[a'rɛʃt]
prender (vt)	заарештувати	[zaarɛʃtu'watɨ]
pegar, capturar (vt)	спіймати	[spij'matɨ]
captura (f)	затримання (c)	[za'trimanʲa]

documento (m)	документ (ч)	[doku'mɛnt]
prova (f)	доказ (ч)	['dɔkaz]
provar (vt)	доводити	[do'wɔditɨ]
pegada (f)	слід (ч)	[slid]
impressões (f pl) digitais	відбитки (мн) пальців	[wid'bitkɨ 'palʲtsiw]
prova (f)	доказ (ч)	['dɔkaz]

álibi (m)	алібі (c)	['alibi]
inocente (adj)	невинний	[nɛ'winij]
injustiça (f)	несправедливість (ж)	[nɛsprawɛd'liwistʲ]
injusto (adj)	несправедливий	[nɛsprawɛd'liwij]

criminal (adj)	кримінальний	[krimi'nalʲnij]
confiscar (vt)	конфіскувати	[konfisku'watɨ]
droga (f)	наркотик (ч)	[nar'kɔtik]
arma (f)	зброя (ж)	['zbrɔʲa]
desarmar (vt)	обеззброїти	[obɛz'zbrɔjitɨ]
ordenar (vt)	наказувати	[na'kazuwatɨ]
desaparecer (vi)	зникнути	['znɨknutɨ]

lei (f)	закон (ч)	[za'kɔn]
legal (adj)	законний	[za'kɔnij]
ilegal (adj)	незаконний	[nɛza'kɔnij]

responsabilidade (f)	відповідальність (ж)	[widpowi'dalʲnistʲ]
responsável (adj)	відповідальний	[widpowi'dalʲnij]

NATUREZA

A Terra. Parte 1

122. Espaço sideral

espaço, cosmo (m)	космос (ч)	['kɔsmos]
espacial, cósmico (adj)	космічний	[kos'mitʃnij]
espaço (m) cósmico	космічний простір (ч)	[kos'mitʃnij 'prɔstir]
mundo (m)	світ (ч)	[swit]
universo (m)	всесвіт (ч)	['wsɛswit]
galáxia (f)	галактика (ж)	[ɦa'laktɨka]
estrela (f)	зірка (ж)	['zirka]
constelação (f)	сузір'я (с)	[su'zirʲʲa]
planeta (m)	планета (ж)	[pla'nɛta]
satélite (m)	супутник (ч)	[su'putnɨk]
meteorito (m)	метеорит (ч)	[mɛtɛo'rit]
cometa (m)	комета (ж)	[ko'mɛta]
asteroide (m)	астероїд (ч)	[astɛ'rɔjid]
órbita (f)	орбіта (ж)	[or'bita]
girar (vi)	обертатися	[obɛr'tatisʲa]
atmosfera (f)	атмосфера (ж)	[atmos'fɛra]
Sol (m)	Сонце (с)	['sɔntsɛ]
Sistema (m) Solar	Сонячна система (ж)	['sɔnʲatʃna sɨs'tɛma]
eclipse (m) solar	сонячне затемнення (с)	['sɔnʲatʃnɛ za'tɛmnɛnʲa]
Terra (f)	Земля (ж)	[zɛm'lʲʲa]
Lua (f)	Місяць (ж)	['misʲatʲs]
Marte (m)	Марс (ч)	[mars]
Vênus (f)	Венера (ж)	[wɛ'nɛra]
Júpiter (m)	Юпітер (ч)	[ʲu'pitɛr]
Saturno (m)	Сатурн (ч)	[sa'turn]
Mercúrio (m)	Меркурій (ч)	[mɛr'kurij]
Urano (m)	Уран (ч)	[u'ran]
Netuno (m)	Нептун (ч)	[nɛp'tun]
Plutão (m)	Плутон (ч)	[plu'tɔn]
Via Láctea (f)	Чумацький Шлях (ч)	[tʃu'matskij ʃlʲah]
Ursa Maior (f)	Велика Ведмедиця (ж)	[wɛ'lɨka wɛd'mɛdɨtsʲa]
Estrela Polar (f)	Полярна Зірка (ж)	[po'lʲarna 'zirka]
marciano (m)	марсіанин (ч)	[marsi'anin]
extraterrestre (m)	інопланетянин (ч)	[inoplanɛ'tʲanin]

alienígena (m)	прибулець (ч)	[pri'bulɛts]
disco (m) voador	літаюча тарілка (ж)	[li'taʲutʃa ta'rilka]
espaçonave (f)	космічний корабель (ч)	[kos'mitʃnij kora'bɛlʲ]
estação (f) orbital	орбітальна станція (ж)	[orbi'talʲna 'stantsiʲa]
lançamento (m)	старт (ч)	[start]
motor (m)	двигун (ч)	[dwi'ɦun]
bocal (m)	сопло (с)	['sɔplo]
combustível (m)	паливо (с)	['paliwo]
cabine (f)	кабіна (ж)	[ka'bina]
antena (f)	антена (ж)	[an'tɛna]
vigia (f)	ілюмінатор (ч)	[ilʲumi'nator]
bateria (f) solar	сонячна батарея (ж)	['sɔnʲatʃna bata'rɛʲa]
traje (m) espacial	скафандр (ч)	[ska'fandr]
imponderabilidade (f)	невагомість (ж)	[nɛwa'ɦɔmistʲ]
oxigênio (m)	кисень (ч)	['kisɛnʲ]
acoplagem (f)	стикування (с)	[stiku'wanʲa]
fazer uma acoplagem	здійснювати стикування	['zdijsnʲuwatɨ stiku'wanʲa]
observatório (m)	обсерваторія (ж)	[obsɛrwa'tɔriʲa]
telescópio (m)	телескоп (ч)	[tɛlɛ'skɔp]
observar (vt)	спостерігати	[spostɛri'ɦati]
explorar (vt)	досліджувати	[do'slidʒuwati]

123. A Terra

Terra (f)	Земля (ж)	[zɛm'lʲa]
globo terrestre (Terra)	земна куля (ж)	[zɛm'na 'kulʲa]
planeta (m)	планета (ж)	[pla'nɛta]
atmosfera (f)	атмосфера (ж)	[atmos'fɛra]
geografia (f)	географія (ж)	[ɦɛo'ɦrafiʲa]
natureza (f)	природа (ж)	[pri'rɔda]
globo (mapa esférico)	глобус (ч)	['ɦlɔbus]
mapa (m)	карта (ж)	['karta]
atlas (m)	атлас (ч)	['atlas]
Europa (f)	Європа (ж)	[ɛw'rɔpa]
Ásia (f)	Азія (ж)	['aziʲa]
África (f)	Африка (ж)	['afrika]
Austrália (f)	Австралія (ж)	[aw'straliʲa]
América (f)	Америка (ж)	[a'mɛrika]
América (f) do Norte	Північна Америка (ж)	[piw'nitʃna a'mɛrika]
América (f) do Sul	Південна Америка (ж)	[piw'dɛna a'mɛrika]
Antártida (f)	Антарктида (ж)	[antark'tida]
Ártico (m)	Арктика (ж)	['arktika]

124. Pontos cardeais

norte (m)	північ (ж)	['piwnitʃ]
para norte	на північ	[na 'piwnitʃ]
no norte	на півночі	[na 'piwnotʃi]
do norte (adj)	північний	[piw'nitʃnij]

sul (m)	південь (ч)	['piwdɛnʲ]
para sul	на південь	[na 'piwdɛnʲ]
no sul	на півдні	[na 'piwdni]
do sul (adj)	південний	[piw'dɛnij]

oeste, ocidente (m)	захід (ч)	['zahid]
para oeste	на захід	[na 'zahid]
no oeste	на заході	[na 'zahodi]
ocidental (adj)	західний	['zahidnij]

leste, oriente (m)	схід (ч)	[shid]
para leste	на схід	[na 'shid]
no leste	на сході	[na 'shɔdi]
oriental (adj)	східний	['shidnij]

125. Mar. Oceano

mar (m)	море (с)	['mɔrɛ]
oceano (m)	океан (ч)	[okɛ'an]
golfo (m)	затока (ж)	[za'tɔka]
estreito (m)	протока (ж)	[pro'tɔka]

terra (f) firme	земля, суша (ж)	[zɛm'lʲa], ['suʃa]
continente (m)	материк (ч)	[matɛ'rik]
ilha (f)	острів (ч)	['ɔstriw]
península (f)	півострів (ч)	[pi'wɔstriw]
arquipélago (m)	архіпелаг (ч)	[arhipɛ'laɦ]

baía (f)	бухта (ж)	['buhta]
porto (m)	гавань (ж)	['ɦawanʲ]
lagoa (f)	лагуна (ж)	[la'ɦuna]
cabo (m)	мис (ч)	[mis]

atol (m)	атол (ч)	[a'tɔl]
recife (m)	риф (ч)	[rif]
coral (m)	корал (ч)	[ko'ral]
recife (m) de coral	кораловий риф (ч)	[ko'ralowɨj rif]

profundo (adj)	глибокий	[ɦlɨ'bokij]
profundidade (f)	глибина (ж)	[ɦlibɨ'na]
abismo (m)	безодня (ж)	[bɛ'zɔdnʲa]
fossa (f) oceânica	западина (ж)	[za'padɨna]

corrente (f)	течія (ж)	['tɛtʃiʲa]
banhar (vt)	омивати	[omɨ'wati]
litoral (m)	берег (ч)	['bɛrɛɦ]

costa (f)	узбережжя (c)	[uzbɛ'rɛʒʲa]
maré (f) alta	приплив (ч)	[prip'lɨw]
refluxo (m)	відлив (ч)	[wid'lɨw]
restinga (f)	мілина (ж)	[mili'na]
fundo (m)	дно (c)	[dno]
onda (f)	хвиля (ж)	['hwilʲa]
crista (f) da onda	гребінь (ч) хвилі	['hrɛbinʲ 'hwili]
espuma (f)	піна (ж)	[pi'na]
tempestade (f)	буря (ж)	['burʲa]
furacão (m)	ураган (ч)	[urahan]
tsunami (m)	цунамі (c)	[tsu'nami]
calmaria (f)	штиль (ч)	[ʃtilʲ]
calmo (adj)	спокійний	[spo'kijnij]
polo (m)	полюс (ч)	['pɔlʲus]
polar (adj)	полярний	[po'lʲarnij]
latitude (f)	широта (ж)	[ʃiro'ta]
longitude (f)	довгота (ж)	[dowho'ta]
paralela (f)	паралель (ж)	[para'lɛlʲ]
equador (m)	екватор (ч)	[ɛk'wator]
céu (m)	небо (c)	['nɛbo]
horizonte (m)	горизонт (ч)	[hori'zɔnt]
ar (m)	повітря (c)	[po'witrʲa]
farol (m)	маяк (ч)	[ma'ʲak]
mergulhar (vi)	пірнати	[pir'nati]
afundar-se (vr)	затонути	[zato'nuti]
tesouros (m pl)	скарби (мн)	[skar'bɨ]

126. Nomes de Mares e Oceanos

Oceano (m) Atlântico	Атлантичний океан (ч)	[atlan'titʃnij okɛ'an]
Oceano (m) Índico	Індійський океан (ч)	[in'dijsʲkij okɛ'an]
Oceano (m) Pacífico	Тихий океан (ч)	['tɨhij okɛ'an]
Oceano (m) Ártico	Північний Льодовитий океан (ч)	[piw'nitʃnij lʲodo'witij okɛ'an]
Mar (m) Negro	Чорне море (c)	['tʃɔrnɛ 'mɔrɛ]
Mar (m) Vermelho	Червоне море (c)	[tʃɛr'wonɛ 'mɔrɛ]
Mar (m) Amarelo	Жовте море (c)	['ʒowtɛ 'mɔrɛ]
Mar (m) Branco	Біле море (c)	['bilɛ 'mɔrɛ]
Mar (m) Cáspio	Каспійське море (c)	[kas'pijsʲkɛ 'mɔrɛ]
Mar (m) Morto	Мертве море (c)	['mɛrtwɛ 'mɔrɛ]
Mar (m) Mediterrâneo	Середземне море (c)	[sɛrɛ'dzɛmnɛ 'mɔrɛ]
Mar (m) Egeu	Егейське море (c)	[ɛ'hɛjsʲkɛ 'mɔrɛ]
Mar (m) Adriático	Адріатичне море (c)	[adria'titʃnɛ 'mɔrɛ]
Mar (m) Arábico	Аравійське море (c)	[ara'wijsʲkɛ 'mɔrɛ]
Mar (m) do Japão	Японське море (c)	[ja'pɔnsʲkɛ 'mɔrɛ]

| Mar (m) de Bering | Берингове море (c) | ['bɛrinɦowɛ 'mɔrɛ] |
| Mar (m) da China Meridional | Південно-Китайське море (c) | [piw'dɛno ki'tajsʲkɛ 'mɔrɛ] |

Mar (m) de Coral	Коралове море (c)	[ko'ralowɛ 'mɔrɛ]
Mar (m) de Tasman	Тасманове море (c)	[tas'manowɛ 'mɔrɛ]
Mar (m) do Caribe	Карибське море (c)	[ka'ribsʲkɛ 'mɔrɛ]

| Mar (m) de Barents | Баренцеве море (c) | ['barɛntsɛwɛ 'mɔrɛ] |
| Mar (m) de Kara | Карське море (c) | ['karsʲkɛ 'mɔrɛ] |

Mar (m) do Norte	Північне море (c)	[piw'nitʃnɛ 'mɔrɛ]
Mar (m) Báltico	Балтійське море (c)	[bal'tijsʲkɛ 'mɔrɛ]
Mar (m) da Noruega	Норвезьке море (c)	[nor'wɛzʲkɛ 'mɔrɛ]

127. Montanhas

montanha (f)	гора (ж)	[ɦo'ra]
cordilheira (f)	гірський ланцюг (ч)	[ɦirsʲˈkij lan'tsʲuɦ]
serra (f)	гірський хребет (ч)	[ɦirsʲˈkij hrɛ'bɛt]

cume (m)	вершина (ж)	[wɛr'ʃina]
pico (m)	шпиль (ч)	[ʃpilʲ]
pé (m)	підніжжя (c)	[pid'niʒʲa]
declive (m)	схил (ч)	[shɨl]

vulcão (m)	вулкан (ч)	[wul'kan]
vulcão (m) ativo	діючий вулкан (ч)	['diʲutʃij wul'kan]
vulcão (m) extinto	згаслий вулкан (ч)	['zɦaslij wul'kan]

erupção (f)	виверження (c)	['wiwɛrʒɛnʲa]
cratera (f)	кратер (ч)	['kratɛr]
magma (m)	магма (ж)	['maɦma]
lava (f)	лава (ж)	['lawa]
fundido (lava ~a)	розжарений	[roz'ʒarɛnij]

cânion, desfiladeiro (m)	каньйон (ч)	[kanʲ'jon]
garganta (f)	ущелина (ж)	[u'ɕɛlina]
fenda (f)	розщілина (ж)	[roz'ɕilina]
precipício (m)	прірва (ж), обрив (ч)	['prirwa], [ob'riw]

passo, colo (m)	перевал (ч)	[pɛrɛ'wal]
planalto (m)	плато (c)	['plato]
falésia (f)	скеля (ж)	['skɛlʲa]
colina (f)	пагорб (ч)	['paɦorb]

geleira (f)	льодовик (ч)	[lʲodo'wɨk]
cachoeira (f)	водоспад (ч)	[wodos'pad]
gêiser (m)	гейзер (ч)	['ɦɛjzɛr]
lago (m)	озеро (c)	['ɔzɛro]

planície (f)	рівнина (ж)	[riw'nɨna]
paisagem (f)	краєвид (ч)	[kraɛ'wɨd]
eco (m)	луна (ж)	[lu'na]

alpinista (m)	альпініст (ч)	[alʲpiˈnist]
escalador (m)	скелелаз (ч)	[skɛlɛˈlaz]
conquistar (vt)	підкоряти	[pidkoˈrʲati]
subida, escalada (f)	підйом (ч)	[pidˈjɔm]

128. Nomes de montanhas

Alpes (m pl)	Альпи (мн)	[ˈalʲpi]
Monte Branco (m)	Монблан (ч)	[monˈblan]
Pirineus (m pl)	Піренеї (мн)	[pirɛˈnɛjɨ]
Cárpatos (m pl)	Карпати (мн)	[karˈpati]
Urais (m pl)	Уральські гори (мн)	[uˈralʲsʲki ˈɦori]
Cáucaso (m)	Кавказ (ч)	[kawˈkaz]
Elbrus (m)	Ельбрус (ч)	[ɛlʲbˈrus]
Altai (m)	Алтай (ч)	[alˈtaj]
Tian Shan (m)	Тянь-Шань (мн)	[tʲanʲ ˈʃanʲ]
Pamir (m)	Памір (ч)	[paˈmir]
Himalaia (m)	Гімалаї (мн)	[ɦimaˈlajɨ]
monte Everest (m)	Еверест (ч)	[ɛwɛˈrɛst]
Cordilheira (f) dos Andes	Анди (мн)	[ˈandɨ]
Kilimanjaro (m)	Кіліманджаро (ж)	[kilimanˈdʒaro]

129. Rios

rio (m)	ріка (ж)	[ˈrika]
fonte, nascente (f)	джерело (с)	[dʒɛrɛˈlɔ]
leito (m) de rio	річище (с)	[ˈritʃiɕɛ]
bacia (f)	басейн (ч)	[baˈsɛjn]
desaguar no …	впадати у…	[wpaˈdatɨ u…]
afluente (m)	притока (ж)	[priˈtɔka]
margem (do rio)	берег (ч)	[ˈbɛrɛɦ]
corrente (f)	течія (ж)	[ˈtɛtʃiʲa]
rio abaixo	вниз за течією	[wnɨz za ˈtɛtʃiɛʲu]
rio acima	уверх за течією	[uˈwɛrh po ˈtɛtʃiɛʲu]
inundação (f)	повінь (ж)	[ˈpowinʲ]
cheia (f)	повінь (ж)	[ˈpowinʲ]
transbordar (vi)	розливатися	[rozlɨˈwatisʲa]
inundar (vt)	затоплювати	[zaˈtɔplʲuwatɨ]
banco (m) de areia	мілина (ж)	[miliˈna]
corredeira (f)	поріг (ч)	[poˈriɦ]
barragem (f)	гребля (ж)	[ˈɦrɛblʲa]
canal (m)	канал (ч)	[kaˈnal]
reservatório (m) de água	водосховище (с)	[wodoˈshowiɕɛ]
eclusa (f)	шлюз (ч)	[ʃlʲuz]

corpo (m) de água	водойма (ж)	[wo'dɔjma]
pântano (m)	болото (с)	[bo'lɔto]
lamaçal (m)	трясовина (ж)	[trʲasowɨ'na]
redemoinho (m)	вир (ч)	[wɨr]
riacho (m)	струмок (ч)	[stru'mɔk]
potável (adj)	питний	['pɨtnɪj]
doce (água)	прісний	['prisnɪj]
gelo (m)	лід (ч), крига (ж)	[lid], ['krɪɦa]
congelar-se (vr)	замерзнути	[za'mɛrznutɪ]

130. Nomes de rios

rio Sena (m)	Сена (ж)	['sɛna]
rio Loire (m)	Луара (ж)	[lu'ara]
rio Tâmisa (m)	Темза (ж)	['tɛmza]
rio Reno (m)	Рейн (ч)	[rɛjn]
rio Danúbio (m)	Дунай (ч)	[du'naj]
rio Volga (m)	Волга (ж)	['wɔlɦa]
rio Don (m)	Дон (ч)	[don]
rio Lena (m)	Лена (ж)	['lɛna]
rio Amarelo (m)	Хуанхе (ж)	[huan'hɛ]
rio Yangtzé (m)	Янцзи (ж)	[jantsʲ'zi]
rio Mekong (m)	Меконг (ч)	[mɛ'kɔnɦ]
rio Ganges (m)	Ганг (ч)	[ɦanɦ]
rio Nilo (m)	Ніл (ч)	[nil]
rio Congo (m)	Конго (ж)	['kɔnɦo]
rio Cubango (m)	Окаванго (ж)	[oka'wanɦo]
rio Zambeze (m)	Замбезі (ж)	[zam'bɛzi]
rio Limpopo (m)	Лімпопо (ж)	[limpo'pɔ]
rio Mississippi (m)	Міссісіпі (ж)	[misi'sipi]

131. Floresta

floresta (f), bosque (m)	ліс (ч)	[lis]
florestal (adj)	лісовий	[liso'wɪj]
mata (f) fechada	хаща (ж)	['haɕa]
arvoredo (m)	гай (ч)	[ɦaj]
clareira (f)	галявина (ж)	[ɦa'lʲawɨna]
matagal (m)	зарості (мн)	['zarosti]
mato (m), caatinga (f)	чагарник (ч)	[ʧa'ɦarnɪk]
pequena trilha (f)	стежина (ж)	[stɛ'ʒɨna]
ravina (f)	яр (ч)	[jar]
árvore (f)	дерево (с)	['dɛrɛwo]

| folha (f) | листок (ч) | [lis'tɔk] |
| folhagem (f) | листя (с) | ['listʲa] |

queda (f) das folhas	листопад (ч)	[listo'pad]
cair (vi)	опадати	[opa'dati]
topo (m)	верхівка (ж)	[wɛr'hiwka]

ramo (m)	гілка (ж)	['hilka]
galho (m)	сук (ч)	[suk]
botão (m)	брунька (ж)	['brunʲka]
agulha (f)	голка (ж)	['hɔlka]
pinha (f)	шишка (ж)	['ʃiʃka]

| buraco (m) de árvore | дупло (с) | [dup'lɔ] |
| ninho (m) | гніздо (с) | [hniz'dɔ] |

tronco (m)	стовбур (ч)	['stɔwbur]
raiz (f)	корінь (ч)	['kɔrinʲ]
casca (f) de árvore	кора (ж)	[ko'ra]
musgo (m)	мох (ч)	[moh]

arrancar pela raiz	корчувати	[kortʃu'wati]
cortar (vt)	рубати	[ru'bati]
desflorestar (vt)	вирубувати ліс	[wɨrubuwati lis]
toco, cepo (m)	пень (ч)	[pɛnʲ]

fogueira (f)	багаття (с)	[ba'hattʲa]
incêndio (m) florestal	лісова пожежа (ж)	[liso'wa po'ʒɛʒa]
apagar (vt)	тушити	[tu'ʃiti]

guarda-parque (m)	лісник (ч)	[lis'nik]
proteção (f)	охорона (ж)	[oho'rona]
proteger (a natureza)	охороняти	[ohoro'nʲati]
caçador (m) furtivo	браконьєр (ч)	[brako'nʲɛr]
armadilha (f)	капкан (ч)	[kap'kan]

colher (cogumelos)	збирати	[zbɨ'rati]
colher (bagas)	збирати	[zbɨ'rati]
perder-se (vr)	заблукати	[zablu'kati]

132. Recursos naturais

recursos (m pl) naturais	природні ресурси (мн)	[pri'rɔdni rɛ'sursɨ]
minerais (m pl)	корисні копалини (мн)	['kɔrisni ko'palini]
depósitos (m pl)	поклади (мн)	['pɔkladi]
jazida (f)	родовище (с)	[ro'dɔwɨɕɛ]

extrair (vt)	добувати	[dobu'wati]
extração (f)	добування (с)	[dobu'wanʲa]
minério (m)	руда (ж)	[ru'da]
mina (f)	копальня (ж)	[ko'palʲnʲa]
poço (m) de mina	шахта (ж)	['ʃahta]
mineiro (m)	шахтар (ч)	[ʃah'tar]
gás (m)	газ (ч)	[haz]

gasoduto (m)	газопровід (ч)	[ɦazopro'wid]
petróleo (m)	нафта (ж)	['nafta]
oleoduto (m)	нафтопровід (ч)	[nafto'prɔwid]
poço (m) de petróleo	нафтова вишка (ж)	['naftowa 'wiʃka]
torre (f) petrolífera	свердлова вежа (ж)	[swɛrd'lɔwa 'wɛʒa]
petroleiro (m)	танкер (ч)	['tankɛr]

areia (f)	пісок (ч)	[pi'sɔk]
calcário (m)	вапняк (ч)	[wap'nʲak]
cascalho (m)	гравій (ч)	['ɦrawij]
turfa (f)	торф (ч)	[torf]
argila (f)	глина (ж)	['ɦlɨna]
carvão (m)	вугілля (с)	[wu'ɦilʲa]

ferro (m)	залізо (с)	[za'lizo]
ouro (m)	золото (с)	['zɔloto]
prata (f)	срібло (с)	['sriblo]
níquel (m)	нікель (ч)	['nikɛlʲ]
cobre (m)	мідь (ж)	[midʲ]

zinco (m)	цинк (ч)	['tsɨnk]
manganês (m)	марганець (ч)	['marɦanɛts]
mercúrio (m)	ртуть (ж)	[rtutʲ]
chumbo (m)	свинець (ч)	[swi'nɛts]

mineral (m)	мінерал (ч)	[minɛ'ral]
cristal (m)	кристал (ч)	[kris'tal]
mármore (m)	мармур (ч)	['marmur]
urânio (m)	уран (ч)	[u'ran]

A Terra. Parte 2

133. Tempo

tempo (m)	погода (ж)	[po'ɦoda]
previsão (f) do tempo	прогноз (ч) погоди	[proɦ'nɔz po'ɦodi]
temperatura (f)	температура (ж)	[tɛmpɛra'tura]
termômetro (m)	термометр (ч)	[tɛr'mɔmɛtr]
barômetro (m)	барометр (ч)	[ba'rɔmɛtr]
úmido (adj)	вологий	[wo'lɔɦij]
umidade (f)	вологість (ж)	[woloɦistʲ]
calor (m)	спека (ж)	['spɛka]
tórrido (adj)	гарячий	[ɦa'rʲatʃij]
está muito calor	спекотно	[spɛ'kɔtno]
está calor	тепло	['tɛplo]
quente (morno)	теплий	['tɛplij]
está frio	холодно	['hɔlodno]
frio (adj)	холодний	[ho'lɔdnij]
sol (m)	сонце (с)	['sɔntsɛ]
brilhar (vi)	світити	[swi'titi]
de sol, ensolarado	сонячний	['sɔnʲatʃnij]
nascer (vi)	зійти	[zij'ti]
pôr-se (vr)	сісти	['sisti]
nuvem (f)	хмара (ж)	['hmara]
nublado (adj)	хмарний	['hmarnij]
nuvem (f) preta	хмара (ж)	['hmara]
escuro, cinzento (adj)	похмурий	[poh'murij]
chuva (f)	дощ (ч)	[doɕ]
está a chover	йде дощ	[jdɛ doɕ]
chuvoso (adj)	дощовий	[doɕo'wij]
chuviscar (vi)	накрапати	[nakra'pati]
chuva (f) torrencial	проливний дощ (ч)	[proliw'nij doɕ]
aguaceiro (m)	злива (ж)	['zɫiwa]
forte (chuva, etc.)	сильний	['silʲnij]
poça (f)	калюжа (ж)	[ka'lʲuʒa]
molhar-se (vr)	мокнути	['mɔknuti]
nevoeiro (m)	туман (ч)	[tu'man]
de nevoeiro	туманний	[tu'manij]
neve (f)	сніг (ч)	[sniɦ]
está nevando	йде сніг	[jdɛ sniɦ]

134. Tempo extremo. Catástrofes naturais

trovoada (f)	гроза (ж)	[ɦroˈza]
relâmpago (m)	блискавка (ж)	[ˈblɪskawka]
relampejar (vi)	блискати	[ˈblɪskatɪ]
trovão (m)	грім (ч)	[ɦrim]
trovejar (vi)	гриміти	[ɦriˈmitɪ]
está trovejando	гримить грім	[ɦriˈmitʲ ɦrim]
granizo (m)	град (ч)	[ɦrad]
está caindo granizo	йде град	[jdɛ ɦrad]
inundar (vt)	затопити	[zatoˈpɪtɪ]
inundação (f)	повінь (ж)	[ˈpɔwinʲ]
terremoto (m)	землетрус (ч)	[zɛmlɛtˈrus]
abalo, tremor (m)	поштовх (ч)	[ˈpɔʃtowh]
epicentro (m)	епіцентр (ч)	[ɛpiˈtsɛntr]
erupção (f)	виверження (с)	[ˈwɪwɛrʒɛnʲa]
lava (f)	лава (ж)	[ˈlawa]
tornado (m)	смерч, торнадо (ч)	[smɛrtʃ], [torˈnado]
tufão (m)	тайфун (ч)	[tajˈfun]
furacão (m)	ураган (ч)	[uraɦan]
tempestade (f)	буря (ж)	[ˈburʲa]
tsunami (m)	цунамі (с)	[tsuˈnami]
ciclone (m)	циклон (ч)	[tsɪkˈlɔn]
mau tempo (m)	негода (ж)	[nɛˈɦɔda]
incêndio (m)	пожежа (ж)	[poˈʒɛʒa]
catástrofe (f)	катастрофа (ж)	[kataˈstrɔfa]
meteorito (m)	метеорит (ч)	[mɛtɛoˈrɪt]
avalanche (f)	лавина (ж)	[laˈwɪna]
deslizamento (m) de neve	обвал (ч)	[obˈwal]
nevasca (f)	заметіль (ж)	[zamɛˈtilʲ]
tempestade (f) de neve	завірюха (ж)	[zawiˈrʲuha]

Fauna

predador (m)	хижак (ч)	[hiˈʒak]
tigre (m)	тигр (ч)	[tiɦr]
leão (m)	лев (ч)	[lɛw]
lobo (m)	вовк (ч)	[wowk]
raposa (f)	лисиця (ж)	[liˈsitsʲa]
jaguar (m)	ягуар (ч)	[jaɦuˈar]
leopardo (m)	леопард (ч)	[lɛoˈpard]
chita (f)	гепард (ч)	[ɦɛˈpard]
pantera (f)	пантера (ж)	[panˈtɛra]
puma (m)	пума (ж)	[ˈpuma]
leopardo-das-neves (m)	сніговий барс (ч)	[sniɦoˈwij bars]
lince (m)	рись (ж)	[risʲ]
coiote (m)	койот (ч)	[koˈjɔt]
chacal (m)	шакал (ч)	[ʃaˈkal]
hiena (f)	гієна (ж)	[ɦiˈɛna]

animal (m)	тварина (ж)	[twaˈrina]
besta (f)	звір (ч)	[zwir]
esquilo (m)	білка (ж)	[ˈbilka]
ouriço (m)	їжак (ч)	[jiˈʒak]
lebre (f)	заєць (ч)	[ˈzaɛts]
coelho (m)	кріль (ч)	[krilʲ]
texugo (m)	борсук (ч)	[borˈsuk]
guaxinim (m)	єнот (ч)	[ɛˈnɔt]
hamster (m)	хом'як (ч)	[hoˈmʲʲak]
marmota (f)	бабак (ч)	[baˈbak]
toupeira (f)	кріт (ч)	[krit]
rato (m)	миша (ж)	[ˈmiʃa]
ratazana (f)	щур (ч)	[ɕur]
morcego (m)	кажан (ч)	[kaˈʒan]
arminho (m)	горностай (ч)	[ɦornoˈstaj]
zibelina (f)	соболь (ч)	[ˈsɔbolʲ]
marta (f)	куниця (ж)	[kuˈnitsʲa]
doninha (f)	ласка (ж)	[ˈlaska]
visom (m)	норка (ж)	[ˈnɔrka]

castor (m)	бобер (ч)	[bo'bɛr]
lontra (f)	видра (ж)	['wɨdra]

cavalo (m)	кінь (ч)	[kinʲ]
alce (m)	лось (ч)	[losʲ]
veado (m)	олень (ч)	['ɔlɛnʲ]
camelo (m)	верблюд (ч)	[wɛr'blʲud]

bisão (m)	бізон (ч)	[bi'zɔn]
auroque (m)	зубр (ч)	[zubr]
búfalo (m)	буйвіл (ч)	['bujwil]

zebra (f)	зебра (ж)	['zɛbra]
antílope (m)	антилопа (ж)	[anti'lɔpa]
corça (f)	косуля (ж)	[ko'sulʲa]
gamo (m)	лань (ж)	[lanʲ]
camurça (f)	сарна (ж)	['sarna]
javali (m)	вепр (ч)	[wɛpr]

baleia (f)	кит (ч)	[kɨt]
foca (f)	тюлень (ч)	[tʲu'lɛnʲ]
morsa (f)	морж (ч)	[morʒ]
urso-marinho (m)	котик (ч)	['kɔtɨk]
golfinho (m)	дельфін (ч)	[dɛlʲ'fin]

urso (m)	ведмідь (ч)	[wɛd'midʲ]
urso (m) polar	білий ведмідь (ч)	['bilɨj wɛd'midʲ]
panda (m)	панда (ж)	['panda]

macaco (m)	мавпа (ж)	['mawpa]
chimpanzé (m)	шимпанзе (ч)	[ʃimpan'zɛ]
orangotango (m)	орангутанг (ч)	[oranhu'tanh]
gorila (m)	горила (ж)	[ho'rɨla]
macaco (m)	макака (ж)	[ma'kaka]
gibão (m)	гібон (ч)	[hi'bɔn]

elefante (m)	слон (ч)	[slon]
rinoceronte (m)	носоріг (ч)	[noso'rih]
girafa (f)	жирафа (ж)	[ʒɨrafa]
hipopótamo (m)	бегемот (ч)	[bɛhɛ'mɔt]

canguru (m)	кенгуру (ч)	[kɛnhu'ru]
coala (m)	коала (ч)	[ko'ala]

mangusto (m)	мангуст (ч)	[ma'nhust]
chinchila (f)	шиншила (ж)	[ʃin'ʃila]
cangambá (f)	скунс (ч)	[skuns]
porco-espinho (m)	дикобраз (ч)	[dɨko'braz]

137. Animais domésticos

gata (f)	кішка (ж)	['kiʃka]
gato (m) macho	кіт (ч)	[kit]
cão (m)	собака, пес (ч)	[so'baka], [pɛs]

cavalo (m)	кінь (ч)	[kinʲ]
garanhão (m)	жеребець (ч)	[ʒɛrɛ'bɛts]
égua (f)	кобила (ж)	[ko'bila]
vaca (f)	корова (ж)	[ko'rɔwa]
touro (m)	бик (ч)	[bik]
boi (m)	віл (ч)	[wil]
ovelha (f)	вівця (ж)	[wiw'tsʲa]
carneiro (m)	баран (ч)	[ba'ran]
cabra (f)	коза (ж)	[ko'za]
bode (m)	козел (ч)	[ko'zɛl]
burro (m)	осел (ч)	[o'sɛl]
mula (f)	мул (ч)	[mul]
porco (m)	свиня (ж)	[swi'nʲa]
leitão (m)	порося (с)	[poro'sʲa]
coelho (m)	кріль (ч)	[krilʲ]
galinha (f)	курка (ж)	['kurka]
galo (m)	півень (ч)	['piwɛnʲ]
pata (f), pato (m)	качка (ж)	['katʃka]
pato (m)	качур (ч)	['katʃur]
ganso (m)	гусак (ч)	[ɦu'sak]
peru (m)	індик (ч)	[in'dik]
perua (f)	індичка (ж)	[in'ditʃka]
animais (m pl) domésticos	домашні тварини (мн)	[do'maʃni twa'rini]
domesticado (adj)	ручний	[rutʃ'nij]
domesticar (vt)	приручати	[priru'tʃati]
criar (vt)	вирощувати	[wi'rɔɕuwati]
fazenda (f)	ферма (ж)	['fɛrma]
aves (f pl) domésticas	свійські птахи (мн)	['swijsʲki pta'hi]
gado (m)	худоба (ж)	[hu'dɔba]
rebanho (m), manada (f)	стадо (с)	['stado]
estábulo (m)	конюшня (ж)	[ko'nʲuʃnʲa]
chiqueiro (m)	свинарник (ч)	[swi'narnik]
estábulo (m)	корівник (ч)	[ko'riwnik]
coelheira (f)	крільчатник (ч)	[krilʲ'tʃatnik]
galinheiro (m)	курник (ч)	[kur'nik]

138. Pássaros

pássaro (m), ave (f)	птах (ч)	[ptah]
pombo (m)	голуб (ч)	['ɦɔlub]
pardal (m)	горобець (ч)	[ɦoro'bɛts]
chapim-real (m)	синиця (ж)	[si'nitsʲa]
pega-rabuda (f)	сорока (ж)	[so'rɔka]
corvo (m)	ворон (ч)	['wɔron]

gralha-cinzenta (f)	ворона (ж)	[wo'rɔna]
gralha-de-nuca-cinzenta (f)	галка (ж)	['ɦalka]
gralha-calva (f)	грак (ч)	[ɦrak]
pato (m)	качка (ж)	['katʃka]
ganso (m)	гусак (ч)	[ɦu'sak]
faisão (m)	фазан (ч)	[fa'zan]
águia (f)	орел (ч)	[o'rɛl]
açor (m)	яструб (ч)	['ʲastrub]
falcão (m)	сокіл (ч)	['sɔkil]
abutre (m)	гриф (ч)	[ɦrif]
condor (m)	кондор (ч)	['kɔndor]
cisne (m)	лебідь (ч)	['lɛbidʲ]
grou (m)	журавель (ч)	[ʒura'wɛlʲ]
cegonha (f)	чорногуз (ч)	[tʃorno'ɦuz]
papagaio (m)	папуга (ч)	[pa'puɦa]
beija-flor (m)	колібрі (ч)	[ko'libri]
pavão (m)	пава (ж)	['pawa]
avestruz (m)	страус (ч)	['straus]
garça (f)	чапля (ж)	['tʃaplʲa]
flamingo (m)	фламінго (с)	[fla'minɦo]
pelicano (m)	пелікан (ч)	[pɛli'kan]
rouxinol (m)	соловей (ч)	[solo'wɛj]
andorinha (f)	ластівка (ж)	['lastiwka]
tordo-zornal (m)	дрізд (ч)	[drizd]
tordo-músico (m)	співучий дрізд (ч)	[spi'wutʃij 'drizd]
melro-preto (m)	чорний дрізд (ч)	['tʃornij 'drizd]
andorinhão (m)	стриж (ч)	['striʒ]
cotovia (f)	жайворонок (ч)	['ʒajworonok]
codorna (f)	перепел (ч)	['pɛrɛpɛl]
pica-pau (m)	дятел (ч)	['dʲatɛl]
cuco (m)	зозуля (ж)	[zo'zulʲa]
coruja (f)	сова (ж)	[so'wa]
bufo-real (m)	пугач (ч)	[pu'ɦatʃ]
tetraz-grande (m)	глухар (ч)	[ɦlu'har]
tetraz-lira (m)	тетерук (ч)	[tɛtɛ'ruk]
perdiz-cinzenta (f)	куріпка (ж)	[ku'ripka]
estorninho (m)	шпак (ч)	[ʃpak]
canário (m)	канарка (ж)	[ka'narka]
galinha-do-mato (f)	рябчик (ч)	['rʲabtʃik]
tentilhão (m)	зяблик (ч)	['zʲablik]
dom-fafe (m)	снігур (ч)	[sni'ɦur]
gaivota (f)	чайка (ж)	['tʃajka]
albatroz (m)	альбатрос (ч)	[alʲbat'rɔs]
pinguim (m)	пінгвін (ч)	[pinɦ'win]

139. Peixes. Animais marinhos

brema (f)	лящ (ч)	[lʲaɕ]
carpa (f)	короп (ч)	['kɔrop]
perca (f)	окунь (ч)	['ɔkunʲ]
siluro (m)	сом (ч)	[som]
lúcio (m)	щука (ж)	['ɕuka]

salmão (m)	лосось (ч)	[lo'sɔsʲ]
esturjão (m)	осетер (ч)	[osɛ'tɛr]

arenque (m)	оселедець (ч)	[osɛ'lɛdɛʦ]
salmão (m) do Atlântico	сьомга (ж)	['sʲomɦa]
cavala, sarda (f)	скумбрія (ж)	['skumbriʲa]
solha (f), linguado (m)	камбала (ж)	[kamba'la]

lúcio perca (m)	судак (ч)	[su'dak]
bacalhau (m)	тріска (ж)	[tris'ka]
atum (m)	тунець (ч)	[tu'nɛʦ]
truta (f)	форель (ж)	[fo'rɛlʲ]

enguia (f)	вугор (ч)	[wu'ɦɔr]
raia (f) elétrica	електричний скат (ч)	[ɛlɛkt'ritʃnij skat]
moreia (f)	мурена (ж)	[mu'rɛna]
piranha (f)	піранья (ж)	[pi'ranʲa]

tubarão (m)	акула (ж)	[a'kula]
golfinho (m)	дельфін (ч)	[dɛlʲ'fin]
baleia (f)	кит (ч)	[kit]

caranguejo (m)	краб (ч)	[krab]
água-viva (f)	медуза (ж)	[mɛ'duza]
polvo (m)	восьминіг (ч)	[wosʲmi'niɦ]

estrela-do-mar (f)	морська зірка (ж)	[morsʲka 'zirka]
ouriço-do-mar (m)	морський їжак (ч)	[morsʲkij ji'ʒak]
cavalo-marinho (m)	морський коник (ч)	[morsʲkij 'kɔnik]

ostra (f)	устриця (ж)	['ustritsʲa]
camarão (m)	креветка (ж)	[krɛ'wɛtka]
lagosta (f)	омар (ч)	[o'mar]
lagosta (f)	лангуст (ч)	[lan'ɦust]

140. Anfíbios. Répteis

cobra (f)	змія (ж)	[zmiʲa]
venenoso (adj)	отруйний	[ot'rujnij]

víbora (f)	гадюка (ж)	[ɦa'dʲuka]
naja (f)	кобра (ж)	['kɔbra]
píton (m)	пітон (ч)	[pi'tɔn]
jiboia (f)	удав (ч)	[u'daw]
cobra-de-água (f)	вуж (ч)	[wuʒ]

| cascavel (f) | гримуча змія (ж) | [ɦriˈmutʃa zmiˈʲa] |
| anaconda (f) | анаконда (ж) | [anaˈkɔnda] |

lagarto (m)	ящірка (ж)	[ˈʲaɕirka]
iguana (f)	ігуана (ж)	[iɦuˈana]
varano (m)	варан (ч)	[waˈran]
salamandra (f)	саламандра (ж)	[salaˈmandra]
camaleão (m)	хамелеон (ч)	[hamɛlɛˈɔn]
escorpião (m)	скорпіон (ч)	[skorpiˈɔn]

tartaruga (f)	черепаха (ж)	[tʃɛrɛˈpaha]
rã (f)	жаба (ж)	[ˈʒaba]
sapo (m)	ропуха (ж)	[roˈpuha]
crocodilo (m)	крокодил (ч)	[krokoˈdil]

141. Insetos

inseto (m)	комаха (ж)	[koˈmaha]
borboleta (f)	метелик (ч)	[mɛˈtɛlik]
formiga (f)	мураха (ж)	[muˈraha]
mosca (f)	муха (ж)	[ˈmuha]
mosquito (m)	комар (ч)	[koˈmar]
escaravelho (m)	жук (ч)	[ʒuk]

vespa (f)	оса (ж)	[oˈsa]
abelha (f)	бджола (ж)	[bdʒoˈla]
mamangaba (f)	джміль (ч)	[dʒmilʲ]
moscardo (m)	овід (ч)	[ˈɔwid]

| aranha (f) | павук (ч) | [paˈwuk] |
| teia (f) de aranha | павутиння (с) | [pawuˈtinʲa] |

libélula (f)	бабка (ж)	[ˈbabka]
gafanhoto (m)	коник (ч)	[ˈkɔnik]
traça (f)	метелик (ч)	[mɛˈtɛlik]

barata (f)	тарган (ч)	[tarˈɦan]
carrapato (m)	кліщ (ч)	[kliɕ]
pulga (f)	блоха (ж)	[ˈblɔha]
borrachudo (m)	мошка (ж)	[ˈmɔʃka]

gafanhoto (m)	сарана (ж)	[saraˈna]
caracol (m)	равлик (ч)	[ˈrawlik]
grilo (m)	цвіркун (ч)	[tswirˈkun]
pirilampo, vaga-lume (m)	світлячок (ч)	[switlʲaˈtʃɔk]
joaninha (f)	сонечко (с)	[ˈsɔnɛtʃko]
besouro (m)	хрущ (ч)	[hruɕ]

sanguessuga (f)	п'явка (ж)	[ˈpʲʲawka]
lagarta (f)	гусениця (ж)	[ˈɦusɛnitsʲa]
minhoca (f)	черв'як (ч)	[tʃɛrˈwʲʲak]
larva (f)	личинка (ж)	[liˈtʃinka]

Flora

142. Árvores

árvore (f)	дерево (c)	['dɛrɛwo]
decídua (adj)	листяне	[lisťa'nɛ]
conífera (adj)	хвойне	['hwɔjnɛ]
perene (adj)	вічнозелене	[witʃnozɛ'lɛnɛ]

macieira (f)	яблуня (ж)	[ʲabluŋʲa]
pereira (f)	груша (ж)	['ɦruʃa]
cerejeira (f)	черешня (ж)	[ʧɛ'rɛʃŋʲa]
ginjeira (f)	вишня (ж)	['wiʃŋʲa]
ameixeira (f)	слива (ж)	['sliwa]

bétula (f)	береза (ж)	[bɛ'rɛza]
carvalho (m)	дуб (ч)	[dub]
tília (f)	липа (ж)	['lipa]
choupo-tremedor (m)	осика (ж)	[o'sika]
bordo (m)	клен (ч)	[klɛn]
espruce (m)	ялина (ж)	[ja'lina]
pinheiro (m)	сосна (ж)	[sos'na]
alerce, lariço (m)	модрина (ж)	[mod'rina]
abeto (m)	ялиця (ж)	[ja'liʦʲa]
cedro (m)	кедр (ч)	[kɛdr]

choupo, álamo (m)	тополя (ж)	[to'polʲa]
tramazeira (f)	горобина (ж)	[ɦoro'bina]
salgueiro (m)	верба (ж)	[wɛr'ba]
amieiro (m)	вільха (ж)	['wilʲha]
faia (f)	бук (ч)	[buk]
ulmeiro, olmo (m)	в'яз (ч)	[wʲʲaz]
freixo (m)	ясен (ч)	[ʲʲasɛn]
castanheiro (m)	каштан (ч)	[kaʃ'tan]

magnólia (f)	магнолія (ж)	[maɦ'noliʲa]
palmeira (f)	пальма (ж)	['palʲma]
cipreste (m)	кипарис (ч)	[kipa'ris]

mangue (m)	мангрове дерево (c)	['manɦrowɛ 'dɛrɛwo]
embondeiro, baobá (m)	баобаб (ч)	[bao'bab]
eucalipto (m)	евкаліпт (ч)	[ɛwka'lipt]
sequoia (f)	секвоя (ж)	[sɛk'wɔʲa]

143. Arbustos

| arbusto (m) | кущ (ч) | [kuɕ] |
| arbusto (m), moita (f) | чагарник (ч) | [ʧaɦar'nik] |

| videira (f) | виноград (ч) | [wino'ɦrad] |
| vinhedo (m) | виноградник (ч) | [wino'ɦradnik] |

framboeseira (f)	малина (ж)	[ma'lina]
groselheira-negra (f)	чорна смородина (ж)	['tʃɔrna smo'rɔdina]
groselheira-vermelha (f)	порічки (мн)	[po'ritʃki]
groselheira (f) espinhosa	аґрус (ч)	['agrus]

acácia (f)	акація (ж)	[a'katsiͥa]
bérberis (f)	барбарис (ч)	[barba'ris]
jasmim (m)	жасмин (ч)	[ʒas'min]

junípero (m)	ялівець (ч)	[jali'wɛts]
roseira (f)	трояндовий кущ (ч)	[tro'ͥandowij kuɕ]
roseira (f) brava	шипшина (ж)	[ʃip'ʃina]

144. Frutos. Bagas

fruta (f)	фрукт, плід (ч)	[frukt], [plid]
frutas (f pl)	фрукти, плоди (мн)	[frukti], [plo'di]
maçã (f)	яблуко (c)	['ͥabluko]
pera (f)	груша (ж)	['ɦruʃa]
ameixa (f)	слива (ж)	['sliwa]

morango (m)	полуниця (ж)	[polu'nitsͥa]
ginja (f)	вишня (ж)	['wiʃnͥa]
cereja (f)	черешня (ж)	[tʃɛ'rɛʃnͥa]
uva (f)	виноград (ч)	[wino'ɦrad]

framboesa (f)	малина (ж)	[ma'lina]
groselha (f) negra	чорна смородина (ж)	['tʃɔrna smo'rɔdina]
groselha (f) vermelha	порічки (мн)	[po'ritʃki]
groselha (f) espinhosa	аґрус (ч)	['agrus]
oxicoco (m)	журавлина (ж)	[ʒuraw'lina]

laranja (f)	апельсин (ч)	[apɛlͥ'sin]
tangerina (f)	мандарин (ч)	[manda'rin]
abacaxi (m)	ананас (ч)	[ana'nas]

| banana (f) | банан (ч) | [ba'nan] |
| tâmara (f) | фінік (ч) | ['finik] |

limão (m)	лимон (ч)	[li'mɔn]
damasco (m)	абрикос (ч)	[abri'kɔs]
pêssego (m)	персик (ч)	['pɛrsik]

| quiuí (m) | ківі (ч) | ['kiwi] |
| toranja (f) | грейпфрут (ч) | [ɦrɛjp'frut] |

baga (f)	ягода (ж)	['ͥaɦoda]
bagas (f pl)	ягоди (мн)	['ͥaɦodi]
arando (m) vermelho	брусниця (ж)	[brus'nitsͥa]
morango-silvestre (m)	суниця (ж)	[su'nitsͥa]
mirtilo (m)	чорниця (ж)	[tʃor'nitsͥa]

145. Flores. Plantas

flor (f)	квітка (ж)	['kwitka]
buquê (m) de flores	букет (ч)	[bu'kɛt]
rosa (f)	троянда (ж)	[tro'ⁱanda]
tulipa (f)	тюльпан (ч)	[tⁱulⁱ'pan]
cravo (m)	гвоздика (ж)	[ɦwoz'dika]
gladíolo (m)	гладіолус (ч)	[ɦladi'ɔlus]
centáurea (f)	волошка (ж)	[wo'lɔʃka]
campainha (f)	дзвіночок (ч)	[dzwi'nɔtʃok]
dente-de-leão (m)	кульбаба (ж)	[kulⁱ'baba]
camomila (f)	ромашка (ж)	[ro'maʃka]
aloé (m)	алое (с)	[a'lɔɛ]
cacto (m)	кактус (ч)	['kaktus]
fícus (m)	фікус (ч)	['fikus]
lírio (m)	лілея (ж)	[li'leⁱa]
gerânio (m)	герань (ж)	[ɦɛ'ranʲ]
jacinto (m)	гіацинт (ч)	[ɦia'tsint]
mimosa (f)	мімоза (ж)	[mi'mɔza]
narciso (m)	нарцис (ч)	[nar'tsis]
capuchinha (f)	настурція (ж)	[nas'turtsiⁱa]
orquídea (f)	орхідея (ж)	[orhi'dɛⁱa]
peônia (f)	півонія (ж)	[pi'woniⁱa]
violeta (f)	фіалка (ж)	[fi'alka]
amor-perfeito (m)	братки (мн)	[brat'ki]
não-me-esqueças (m)	незабудка (ж)	[nɛza'budka]
margarida (f)	стокротки (мн)	[stok'rɔtki]
papoula (f)	мак (ч)	[mak]
cânhamo (m)	коноплі (мн)	[ko'nɔpli]
hortelã, menta (f)	м'ята (ж)	['mʲata]
lírio-do-vale (m)	конвалія (ж)	[kon'waliⁱa]
campânula-branca (f)	пролісок (ч)	['prɔlisok]
urtiga (f)	кропива (ж)	[kropi'wa]
azedinha (f)	щавель (ч)	[ɕa'wɛlʲ]
nenúfar (m)	латаття (с)	[la'tattⁱa]
samambaia (f)	папороть (ж)	['paporotⁱ]
líquen (m)	лишайник (ч)	[li'ʃajnik]
estufa (f)	оранжерея (ж)	[oranʒɛ'rɛⁱa]
gramado (m)	газон (ч)	[ɦa'zɔn]
canteiro (m) de flores	клумба (ж)	['klumba]
planta (f)	рослина (ж)	[ros'lina]
grama (f)	трава (ж)	[tra'wa]
folha (f) de grama	травинка (ж)	[tra'winka]

folha (f)	листок (ч)	[lɨs'tɔk]
pétala (f)	пелюстка (ж)	[pɛ'lʲustka]
talo (m)	стебло (с)	[stɛb'lɔ]
tubérculo (m)	бульба (ж)	['bulʲba]

| broto, rebento (m) | паросток (ч) | ['parostok] |
| espinho (m) | колючка (ж) | [ko'lʲutʃka] |

florescer (vi)	цвісти	[tswis'tɨ]
murchar (vi)	в'янути	['wʲʲanuti]
cheiro (m)	запах (ч)	['zapah]
cortar (flores)	зрізати	['zrizati]
colher (uma flor)	зірвати	[zir'wati]

146. Cereais, grãos

grão (m)	зерно (с)	[zɛr'nɔ]
cereais (plantas)	зернові рослини (мн)	[zɛrno'wi ros'lɨnɨ]
espiga (f)	колос (ч)	['kɔlos]

trigo (m)	пшениця (ж)	[pʃɛ'nɨtsʲa]
centeio (m)	жито (с)	['ʒito]
aveia (f)	овес (ч)	[o'wɛs]
painço (m)	просо (с)	['prɔso]
cevada (f)	ячмінь (ч)	[jatʃ'minʲ]

milho (m)	кукурудза (ж)	[kuku'rudza]
arroz (m)	рис (ч)	[ris]
trigo-sarraceno (m)	гречка (ж)	['ɦrɛtʃka]

ervilha (f)	горох (ч)	[ɦo'rɔh]
feijão (m) roxo	квасоля (ж)	[kwa'sɔlʲa]
soja (f)	соя (ж)	['sɔʲa]
lentilha (f)	сочевиця (ж)	[sotʃɛ'wɨtsʲa]
feijão (m)	боби (мн)	[bo'bɨ]

PAÍSES. NACIONALIDADES

147. Europa Ocidental

Europa (f)	Європа (ж)	[ɛw'rɔpa]
União (f) Europeia	Європейський Союз (ч)	[ɛwro'pɛjsʲkij soʲʲuz]
Áustria (f)	Австрія (ж)	['awstriʲa]
Grã-Bretanha (f)	Велика Британія (ж)	[wɛ'lika bri'taniʲa]
Inglaterra (f)	Англія (ж)	['anɦliʲa]
Bélgica (f)	Бельгія (ж)	['bɛlʲɦiʲa]
Alemanha (f)	Німеччина (ж)	[ni'mɛʧina]
Países Baixos (m pl)	Нідерланди (ж)	[nidɛr'landi]
Holanda (f)	Нідерланди (мн)	[nidɛr'landi]
Grécia (f)	Греція (ж)	['ɦrɛtsiʲa]
Dinamarca (f)	Данія (ж)	['daniʲa]
Irlanda (f)	Ірландія (ж)	[ir'landiʲa]
Islândia (f)	Ісландія (ж)	[is'landiʲa]
Espanha (f)	Іспанія (ж)	[ispaniʲa]
Itália (f)	Італія (ж)	[i'taliʲa]
Chipre (m)	Кіпр (ч)	[kipr]
Malta (f)	Мальта (ж)	['malʲta]
Noruega (f)	Норвегія (ж)	[nor'wɛɦiʲa]
Portugal (m)	Португалія (ж)	[portu'ɦaliʲa]
Finlândia (f)	Фінляндія (ж)	[fin'lʲandiʲa]
França (f)	Франція (ж)	['frantsiʲa]
Suécia (f)	Швеція (ж)	['ʃwɛtsiʲa]
Suíça (f)	Швейцарія (ж)	[ʃwɛj'tsariʲa]
Escócia (f)	Шотландія (ж)	[ʃot'landiʲa]
Vaticano (m)	Ватикан (ч)	[wati'kan]
Liechtenstein (m)	Ліхтенштейн (ч)	[lihtɛn'ʃtɛjn]
Luxemburgo (m)	Люксембург (ч)	[lʲuksɛm'burɦ]
Mônaco (m)	Монако (ж)	[mo'nako]

148. Europa Central e de Leste

Albânia (f)	Албанія (ж)	[al'baniʲa]
Bulgária (f)	Болгарія (ж)	[bol'ɦariʲa]
Hungria (f)	Угорщина (ж)	[u'ɦorɕina]
Letônia (f)	Латвія (ж)	['latwiʲa]
Lituânia (f)	Литва (ж)	[lit'wa]
Polônia (f)	Польща (ж)	['pɔlʲɕa]

Romênia (f)	Румунія (ж)	[ru'muniʲa]
Sérvia (f)	Сербія (ж)	['sɛrbiʲa]
Eslováquia (f)	Словаччина (ж)	[slo'watʃina]

Croácia (f)	Хорватія (ж)	[hor'watiʲa]
República (f) Checa	Чехія (ж)	['tʃɛhiʲa]
Estônia (f)	Естонія (ж)	[ɛs'tɔniʲa]

Bósnia e Herzegovina (f)	Боснія і Герцеговина (ж)	['bɔsniʲa i ɦɛrtsɛɦo'wina]
Macedônia (f)	Македонія (ж)	[makɛ'dɔniʲa]
Eslovênia (f)	Словенія (ж)	[slo'wɛniʲa]
Montenegro (m)	Чорногорія (ж)	[tʃorno'ɦoriʲa]

149. Países da ex-URSS

| Azerbaijão (m) | Азербайджан (ч) | [azɛrbaj'dʒan] |
| Armênia (f) | Вірменія (ж) | [wir'mɛniʲa] |

Belarus	Білорусь (ж)	[bilo'rusʲ]
Geórgia (f)	Грузія (ж)	['ɦruziʲa]
Cazaquistão (m)	Казахстан (ч)	[kazah'stan]
Quirguistão (m)	Киргизстан (ч)	[kirɦiz'stan]
Moldávia (f)	Молдова (ж)	[mol'dɔwa]

| Rússia (f) | Росія (ж) | [ro'siʲa] |
| Ucrânia (f) | Україна (ж) | [ukra'jina] |

Tajiquistão (m)	Таджикистан (ч)	[tadʒiki'stan]
Turquemenistão (m)	Туркменістан (ч)	[turkmɛni'stan]
Uzbequistão (f)	Узбекистан (ч)	[uzbɛki'stan]

150. Asia

Ásia (f)	Азія (ж)	['aziʲa]
Vietnã (m)	В'єтнам (ч)	[w'ɛt'nam]
Índia (f)	Індія (ж)	['indiʲa]
Israel (m)	Ізраїль (ч)	[iz'rajilʲ]

China (f)	Китай (ч)	[ki'taj]
Líbano (m)	Ліван (ч)	[li'wan]
Mongólia (f)	Монголія (ж)	[mon'ɦoliʲa]

| Malásia (f) | Малайзія (ж) | [ma'lajziʲa] |
| Paquistão (m) | Пакистан (ч) | [paki'stan] |

Arábia (f) Saudita	Саудівська Аравія (ж)	[sa'udiwsʲka a'rawiʲa]
Tailândia (f)	Таїланд (ч)	[taji'land]
Taiwan (m)	Тайвань (ч)	[taj'wanʲ]
Turquia (f)	Туреччина (ж)	[tu'rɛtʃina]
Japão (m)	Японія (ж)	[ja'pɔniʲa]
Afeganistão (m)	Афганістан (ч)	[afɦani'stan]
Bangladesh (m)	Бангладеш (ч)	[banɦla'dɛʃ]

| Indonésia (f) | Індонезія (ж) | [indo'nɛziʲa] |
| Jordânia (f) | Йорданія (ж) | [ʲor'daniʲa] |

Iraque (m)	Ірак (ч)	[i'rak]
Irã (m)	Іран (ч)	[i'ran]
Camboja (f)	Камбоджа (ж)	[kam'bɔʤa]
Kuwait (m)	Кувейт (ч)	[ku'wɛjt]

Laos (m)	Лаос (ч)	[la'ɔs]
Birmânia (f)	М'янма (ж)	['mʲʲanma]
Nepal (m)	Непал (ч)	[nɛ'pal]
Emirados Árabes Unidos	Об'єднані Арабські емірати (мн)	[o'bʲɛdnani a'rabsʲki ɛmi'ratɨ]

Síria (f)	Сирія (ж)	['sɨriʲa]
Palestina (f)	Палестина (ж)	[palɛ'stɨna]
Coreia (f) do Sul	Південна Корея (ж)	[piw'dɛna ko'rɛʲa]
Coreia (f) do Norte	Північна Корея (ж)	[piw'nitʃna ko'rɛʲa]

151. América do Norte

Estados Unidos da América	Сполучені Штати Америки (мн)	[spo'lutʃɛni 'ʃtatɨ a'mɛrɨkɨ]
Canadá (m)	Канада (ж)	[ka'nada]
México (m)	Мексика (ж)	['mɛksɨka]

152. América Central do Sul

Argentina (f)	Аргентина (ж)	[arɦɛn'tina]
Brasil (m)	Бразилія (ж)	[bra'zɨliʲa]
Colômbia (f)	Колумбія (ж)	[ko'lumbiʲa]

| Cuba (f) | Куба (ж) | ['kuba] |
| Chile (m) | Чилі (ж) | ['tʃili] |

| Bolívia (f) | Болівія (ж) | [bo'liwiʲa] |
| Venezuela (f) | Венесуела (ж) | [wɛnɛsu'ɛla] |

| Paraguai (m) | Парагвай (ч) | [paraɦ'waj] |
| Peru (m) | Перу (ж) | [pɛ'ru] |

Suriname (m)	Суринам (ч)	[suri'nam]
Uruguai (m)	Уругвай (ч)	[uruɦ'waj]
Equador (m)	Еквадор (ч)	[ɛkwa'dɔr]

| Bahamas (f pl) | Багамські острови (мн) | [ba'ɦamsʲki ostro'wɨ] |
| Haiti (m) | Гаїті (ч) | [ɦa'jiti] |

República Dominicana	Домініканська республіка (ж)	[domini'kansʲka rɛs'publika]
Panamá (m)	Панама (ж)	[pa'nama]
Jamaica (f)	Ямайка (ж)	[ja'majka]

153. Africa

Egito (m)	Єгипет (ч)	[ε'ɦipɛt]
Marrocos	Марокко (ж)	[ma'rɔkko]
Tunísia (f)	Туніс (ч)	[tu'nis]
Gana (f)	Гана (ж)	['ɦana]
Zanzibar (m)	Занзібар (ч)	[zanzi'bar]
Quênia (f)	Кенія (ж)	['kɛniʲa]
Líbia (f)	Лівія (ж)	['liwiʲa]
Madagascar (m)	Мадагаскар (ч)	[madaɦa'skar]
Namíbia (f)	Намібія (ж)	[na'mibiʲa]
Senegal (m)	Сенегал (ч)	[sɛnɛ'ɦal]
Tanzânia (f)	Танзанія (ж)	[tan'zaniʲa]
África (f) do Sul	Південно-Африканська Республіка (ж)	[piw'dɛno afri'kansʲka rɛs'publika]

154. Austrália. Oceania

Austrália (f)	Австралія (ж)	[aw'straliʲa]
Nova Zelândia (f)	Нова Зеландія (ж)	[no'wa zɛ'landiʲa]
Tasmânia (f)	Тасманія (ж)	[tas'maniʲa]
Polinésia (f) Francesa	Французька Полінезія (ж)	[fran'ʦuzʲka poli'nɛziʲa]

155. Cidades

Amesterdã, Amsterdã	Амстердам (ч)	[amstɛr'dam]
Ancara	Анкара (ж)	[anka'ra]
Atenas	Афіни (мн)	[a'finɨ]
Bagdade	Багдад (ч)	[baɦ'dad]
Bancoque	Бангкок (ч)	[banɦ'kɔk]
Barcelona	Барселона (ж)	[barsɛ'lɔna]
Beirute	Бейрут (ч)	['bɛjrut]
Berlim	Берлін (ч)	[bɛr'lin]
Bonn	Бонн (ч)	[bon]
Bordéus	Бордо (с)	[bor'dɔ]
Bratislava	Братислава (ж)	[brati'slawa]
Bruxelas	Брюссель (ч)	[brʲu'sɛlʲ]
Bucareste	Бухарест (ч)	[buha'rɛst]
Budapeste	Будапешт (ч)	[buda'pɛʃt]
Cairo	Каїр (ч)	[ka'jir]
Calcutá	Калькутта (ж)	[kalʲ'kutta]
Chicago	Чикаго (с)	[ʧi'kaɦo]
Cidade do México	Мехіко (с)	['mɛhiko]
Copenhague	Копенгаген (ч)	[kopɛ'nɦaɦɛn]
Dar es Salaam	Дар-ес-Салам (ч)	[dar ɛs sa'lam]

Deli	Делі (c)	['dɛli]
Dubai	Дубаї (мн)	[du'baji]
Dublim	Дублін (ч)	['dublin]
Düsseldorf	Дюссельдорф (ч)	[dʲusɛlʲ'dɔrf]
Estocolmo	Стокгольм (ч)	[stok'ɦɔlʲm]
Florença	Флоренція (ж)	[flo'rɛntsiʲa]
Frankfurt	Франкфурт (ч)	['frankfurt]
Genebra	Женева (ж)	[ʒɛ'nɛwa]
Haia	Гаага (ж)	[ɦa'aɦa]
Hamburgo	Гамбург (ч)	['ɦamburɦ]
Hanói	Ханой (ч)	[ha'nɔj]
Havana	Гавана (ж)	[ɦa'wana]
Helsinque	Гельсінкі (c)	['ɦɛlʲsinki]
Hiroshima	Хіросіма (ж)	[hiro'sima]
Hong Kong	Гонконг (ч)	[ɦon'kɔnɦ]
Istambul	Стамбул (ч)	[stam'bul]
Jerusalém	Єрусалим (ч)	[ɛrusa'lim]
Kiev, Quieve	Київ (ч)	[ki'jiw]
Kuala Lumpur	Куала-Лумпур (ч)	[ku'ala lum'pur]
Lion	Ліон (ч)	[li'ɔn]
Lisboa	Лісабон (ч)	[lisa'bɔn]
Londres	Лондон (ч)	['lɔndon]
Los Angeles	Лос-Анджелес (ч)	[los 'andʒɛlɛs]
Madrid	Мадрид (ч)	[mad'rid]
Marselha	Марсель (ч)	[mar'sɛlʲ]
Miami	Маямі (c)	[ma'ʲami]
Montreal	Монреаль (ч)	[monrɛ'alʲ]
Moscou	Москва (ж)	[mosk'wa]
Mumbai	Бомбей (ч)	[bom'bɛj]
Munique	Мюнхен (ч)	['mʲunhɛn]
Nairóbi	Найробі (c)	[naj'rɔbi]
Nápoles	Неаполь (ч)	[nɛ'apolʲ]
Nice	Ніцца (ж)	['nitsa]
Nova York	Нью-Йорк (ч)	[nju 'jɔrk]
Oslo	Осло (c)	['ɔslo]
Ottawa	Оттава (ж)	[ot'tawa]
Paris	Париж (ч)	[pa'riʒ]
Pequim	Пекін (ч)	[pɛ'kin]
Praga	Прага (ж)	['praɦa]
Rio de Janeiro	Ріо-де-Жанейро (c)	['rio dɛ ʒa'nɛjro]
Roma	Рим (ч)	[rim]
São Petersburgo	Санкт-Петербург (ч)	[sankt pɛtɛr'burɦ]
Seul	Сеул (ч)	[sɛ'ul]
Singapura	Сінгапур (ч)	[sinɦa'pur]
Sydney	Сідней (ч)	['sidnɛj]
Taipé	Тайбей (ч)	[taj'bɛj]
Tóquio	Токіо (c)	['tɔkio]
Toronto	Торонто (c)	[to'rɔnto]

Varsóvia	**Варшава** (ж)	[war'ʃawa]
Veneza	**Венеція** (ж)	[wɛ'nɛtsiʲa]
Viena	**Відень** (ч)	['widɛnʲ]
Washington	**Вашингтон** (ч)	[waʃinɦ'tɔn]
Xangai	**Шанхай** (ч)	[ʃan'haj]

www.ingramcontent.com/pod-product-compliance
Lightning Source LLC
Chambersburg PA
CBHW061950070426
42450CB00007BA/1156